小学校教諭になるには

なるにはBOOKS
29

森川輝紀　山田恵吾　編著

ぺりかん社

はじめに

あの時の教師のひと言が自分を変えた、ある教師との出会いが今の自分を支えている。そのような教師とのよい思い出をもっている人も多いでしょう。一方で、思い出したくもない教師もいるかもしれません。みなさんが物心つき始めたころから、毎日学校で生活をともにする教師は、良きにつけ悪《あ》しきにつけ、身近で影響力《えいきょうりょく》の大きな存在といえます。

にもかかわらず、教師との出会いは常に偶然《ぐうぜん》です。学校では新学期ともなれば、どの先生が自分の担任になるのか、ドキドキしながらみなさんは始業式を迎《むか》えたことでしょう。保護者にとっても、わが子の担任は何よりの関心ごとです。それは、教師に対する信頼《しんらい》感や期待といったものが、いつの時代でも子どもの学びや成長の基盤《きばん》となっていることを示しています。それに応えるために、教師となるための心構え・学び・資格が必要とされるのは当然ともいえます。

近年、テレビや新聞では、多忙《たぼう》や親の過度な要求への対応など、教師という仕事の困難さが報じられています。教師が大変な仕事であることは否定しません。しかし、偶然《ぐうぜん》に出会う子どもたちと同じ時を過ごし、ともに歩み、はげまし、時には叱《しか》る中で得られる感動や喜びは、教師ならではの格別なものです。それはほかの仕事に決して負けるものではありません。

そのもっとも大きな喜びは何かと問われれば、子どもの成長に直接かかわれること。また、それを身近で見られることであるといえます。昨日までできなかったことが今日はできるようになった、小学1年生の子どもが6年生にもなれば、体の大きさはもちろんのこと、その成長していくさまはまるで大河ドラマを見ているようです。さらにそれは卒業後も続きます。教え子が大学に合格した、就職した、結婚《けっこん》した、子どもができた……退職した教師を教え子が訪ね、教師が子どもの人生の一ページになり、子どもたちもまた教師自身の人生の一ページとなることもあります。そのようなかかわりの中で教師は、子どもたちに教えながら、実は子どもたちに教えられ、支えられていきます。ほかの仕事にはない、教師という仕事の大きな魅力《みりょく》といえるでしょう。

そのような教師という仕事の内容や魅力《みりょく》とともに（あわせて大変さも）、どうすれば小学校教諭《きょうゆ》になることができるかをお伝えするのが、本書の目的です。この一冊で教育現場にたずさわる小学校教諭のいきいきとした声にふれつつ、小学校教諭の養成と採用の仕組みを理解することができます。小学校教諭をめざしたい人も、小学校教諭の仕事に少しだけ興味のある人も、ページをめくってその世界と魅力《みりょく》にふれてみてください。

山田恵吾

小学校教諭になるには　目次

［3章］

※本書に登場する方々の所属などは、執筆時のものです。

［装幀］図工室　［カバーイラスト］和田治男　［本文イラスト］かまたいくよ

「なるにはBOOKS」を手に取ってくれたあなたへ

「働く」って、どういうことでしょうか?

「毎日、会社に行くこと」「お金を稼《かせ》ぐこと」「生活のために我慢《がまん》すること」。

どれも正解です。でも、それだけでしょうか? 「なるにはBOOKS」は、みなさんに「働く」ことの魅力《みりょく》を伝えるために1971年から刊行している職業紹介《しょうかい》ガイドブックです。

各巻は3章で構成されています。

[1章] ドキュメント 今、この職業に就いている先輩《せんぱい》が登場して、仕事にかける熱意や誇《ほこ》り、苦労したこと、楽しかったこと、自分の成長につながったエピソードなどを本音で語ります。

[2章] 仕事の世界 職業の成り立ちや社会での役割、必要な資格や技術、将来性などを紹介《しょうかい》します。

[3章] なるにはコース なり方を具体的に解説します。適性や心構え、資格の取り方、進学先などを参考に、これからの自分の進路と照らし合わせてみてください。

この本を読み終わった時、あなたのこの職業へのイメージが変わっているかもしれません。

「やる気が湧《わ》いてきた」「自分には無理そうだ」「ほかの仕事についても調べてみよう」。

どの道を選ぶのも、あなたしだいです。「なるにはBOOKS」が、あなたの将来を照らす水先案内になることを祈っています。

1章

ドキュメント

子どもたちとのかけがえのない日々

ドキュメント 1 教諭生活5年目の小学校教諭

自分自身がいちばん楽しむこと

兵《ひょう》庫《ご》県《けん》養《や》父《ぶ》市《し》立《りつ》八《よう》鹿《か》小《しょう》学《がっ》校《こう》
白《しら》山《やま》捺《なつ》美《み》さん

寄稿者提供（以下同）

白山さんの歩んだ道のり

高校時代、子どもの発達心理学に興味をもっていたことから大学の教育学部を選択《せんたく》。大学3年生の時に経験した教育実習がきっかけで、「先生」という仕事の魅力《みりょく》に引き込《こ》まれ、小学校教諭《きょうゆ》をめざします。初任時から数年間は不安を感じたり壁《かべ》にぶつかったりしましたが、現在は子どもや職場の先生方といっしょに乗り越《こ》えながら学び続ける日々。

発達心理学を学びたくて教育学部へ

小学校教諭になって5年。多くの子どもたちと出会い、さまざまな経験をしてきました。楽しいことばかりでなく、つらく苦しい思いもしてきました。しかし、今こうして、小学校教諭5年目を迎えられているのは、子どもたちの笑顔《えがお》や思いやりに、何度もはげまされてきたからです。また、職場の先生方に支えられてきたおかげです。

私は小さいころから夢《ゆめ》をもてず、大学進学について考えていた高校時代も、どの学部に進もうかと悩《なや》んでいました。そんな私に「教育学部に進んでみたら」と声をかけてくれたのは、高校3年生の時の担任の先生でした。「子どもの発達心理学について学んでみたい」という私の思いを聞き、勧《すす》めてくれたのです。

しかし、教育学部と聞くと「教師になりたい人が集まる学部」というイメージが強く、教師を志望していない私にとっては、場違《ばちが》いのような気がしていました。それでも私が教育学部に進んだのは、子どもが好きだったこと、教えることが好きだったこと、そして何より学校が好きだったことが大きな理由です。小学校教諭となった今では、大学進学の時、道を示してくれた高校時代の先生に心から感謝をしています。

そんな私が小学校教諭をめざすきっかけとなったのが、大学3年生の教育実習です。実習先で出会った先生や子どもたちとの日々、また毎日の小さな達成感や充実感《じゅうじつかん》が、小学校教諭という仕事の魅力《みりょく》を教えてくれました。また、それと同時に、子どもたちの前に「先生」として立つ責任感もはじめて感じる日々でした。

教育実習で出合った言葉

実習の中で、いちばん印象に残っている言葉は、「先生が楽しい顔をして授業をしないと、子どもたちも楽しくない。笑顔《えがお》で授業をしないと」というものです。これは、授業に対して悩《なや》んでいた私に、指導担当の先生がかけてくださった言葉です。

最初は考えていた流れの通りに授業することだけで精一杯《せいいっぱい》で、子どもたちがどんな表情をしているのかも見ることができず、授業に対してそれほど悩《なや》むこともありませんでした。しかし、徐々《じょじょ》に子どもたちのようすが見えてくるようになると、「うまく伝わっているかな」「どうやって説明したらいいのだろう」と、不安がいっきに押《お》し寄せてくるようになりました。そうした私の不安が子どもたちにも伝わり、授業をしていても楽しくないと思うことが増えていきました。

そんな時に指導担当の先生にかけられたのが、先の言葉です。私はその言葉にハッとし、「まずは自分がいちばん楽しもう」と考えるようになりました。この言葉は、授業のみならず、子どもたちと接するどんな場面でも大切なものだと思っています。そして小学校教諭となった今でも、この「自分自身がいちばん楽しむこと」を心に留めながら、毎日子どもたちと向き合っています。

図工の研究大会での発表

小学校教諭となった1年目、私は3年生の担任となりました。3年生は1クラスだけでしたが、人数が多く、とても元気な子どもた

図工の授業風景

ちばかりでした。少し目を離《はな》すとけんかが起き、授業よりも指導を優先することもありました。また、何度言っても変わらない子どもたちのようすに、「どうしてわかってもらえないのだろう」と、焦《あせ》る気持ちがどんどん積み重なっていきました。しかし、そんな私を救ってくれたのも子どもたちでした。「わかった」「楽しい」という子どもたちの声と笑《え》顔《がお》に支えられ、何とか乗り越《こ》えられた1年目でした。

3年目には赴任《ふにん》校で図工の研究大会が開かれ、初任から3年間、研究を重ねてきた成果を発表しました。

私が特に力を入れて取り組んだのが、「造形あそび」の学習です。「造形あそび」では、図工室を色画用紙だけでまったく違《ちが》う空間に変身させたり、グラウンドの遊具を透明《とうめい》なビニールシートで変身させたりと、子どもたちにとって身近な空間を見たこともない景色に変える学習を行いました。私がこの活動で大切にしたことは、子どもたちの意欲を高められるような言葉かけを行うことです。

まず授業のはじめに、「大変身させよう！」という言葉を使い、子どもたちのわくわくする気持ちを高めました。「変身」ではなく、「大変身」という言葉から、子どもたちは空間いっぱいを使って、試行錯誤《しこうさくご》しながら元の形を変えようとしていきました。

活動の途中《とちゅう》には子どもたち同士で工夫しているところを探し合ったり、友だちのいいところを真似《まね》して、「もっと変身させたい」という意欲をさらに高めたりする「きらきらタイム」を必ず取り入れるようにしました。「きらきらタイム」を取り入れることにより、

ビニールシートでいつもの遊具も変身！

校庭のいろいろなところへアイデアが広がります

子どもたちが友だちの作品や存在を認める力が身につき、学級の中で前向きな言葉を多く使うようになりました。活動の最後には、どのように大変身したのかを尋《たず》ねることで、身近な空間が自分たちの手で生まれ変わることへの楽しさと、満足感を味わっていました。

研究大会を終えた3年目には、研究を積み重ねてきた成果から、図工の授業に自信をもてるようになりました。その自信は私にとって、大きな武器を手に入れたような感覚でした。

子どもたちが目を輝かせながら楽しそうに活動する姿を見ると、私自身もうれしくなり、教材研究や授業準備の成果を感じることができました。そして、その成果をつぎへ活かそうと、さらに教材研究に力を入れることができるのです。ただ、成果よりも課題を感じることのほうが多いことも事実です。

何度もぶつかった壁《かべ》

これまで担任をしてきた子どもたちのなかには、さまざまな特性をもち、学校へ行くことに不安を感じる子どももいました。原因はさまざまですが、私の指導をプレッシャーに感じたり、私の期待に応えようと、がんばりすぎて苦しさをかかえたりする子どももいました。

そんな子どもたちから「学校へ行きたくない」という言葉を聞くと、とても悲しくなり、自分が担任をしていてほんとうによいのだろうかと悩《なや》みました。特に初任から3年間は、そのような壁《かべ》に何度もぶつかりました。そのたびに職場の先生方が手助けをしてくれるのですが、一人で解決できないことに、さらに

学びはさまざまなところに

自分なりの発想で工夫も

自信をなくし、時には職場で泣いてしまうこともありました。

しかし、4年目からはそのようなことが減り、担任する子どもたちも、毎日楽しそうに学校へ来るようになりました。それは、子どもたちの発達段階を少しずつ理解できるようになり、一人ひとりの個性に目を向け、その子に合った声かけや指導を行えるようになったことが、理由なのかもしれません。また、図工という武器を手に入れ、楽しく授業ができるようになったからなのかもしれません。

「みんな同じ」「みんなができてあたりまえ」だと頭のどこかで考えていた初任のころより、「子どもによって考え方も感じ方も違《ちが》う」と考えられるようになった今、自分も子どもと同じように、日々成長しているのだと感じられます。そして、その成長を支えてくれているのが、職場の先生方であり、子どもたちであるのだと思っています。

子どもの成長とともに

まだまだ課題は山積みで、大きな壁《かべ》にぶつかったり、どうしようもない不安につぶされそうになったりする日もあります。

特に6年生を担任する今、子どもたちのために何ができるのだろう、どんな思い出を残してあげられるのだろうと、先の見えない日々に不安を感じる毎日です。

また、思春期を迎《むか》え始めた子どもたちとの関係づくりに悩《なや》むこともあります。しかし、その不安や悩《なや》みをかかえているのは子どもも同じです。そんな子どもたちが、6年生としての自覚をもち、役割を果たそうと努力する姿や、友だちとの関係に悩《なや》みながらも成長し

友だちといっしょなら新しい発見も！

ていく姿を見ていると、私も子どもたちといっしょに悩《なや》み、いっしょに考えていけばいいのだと思わせられます。

さらに、一人で解決できないことに自信をなくしていた初任のころとは違《ちが》い、今は職場の先輩《せんぱい》の先生方に相談したり、頼《たよ》ったりすることで課題を解決できるようになりました。そうして自分の心のバランスを保ったり、子どもとの接し方や指導方法を学んだりすることのよさに気がつけるようにもなりました。

迷った末に小学校教諭になった私ですが、子どもたちの笑顔《えがお》にはげまされ、今は子どもとともに学び、成長できるこの仕事に誇《ほこ》りをもっています。これからも子どもたちの成長と笑顔《えがお》をたくさん見られるよう、私も学び続けていきたいと思っています。

ドキュメント 2

外国語教育に取り組む小学校教諭

学校教育や英語教育で地域や世界とつながる

広《ひろ》島《しま》県《けん》東《ひがし》広《ひろ》島《しま》市《し》立《りつ》東《ひがし》西《さい》条《じょう》小《しょう》学《がっ》校《こう》

滝《たき》本《もと》耕《こう》平《へい》さん

寄稿者提供（以下同）

滝本さんの歩んだ道のり

中学生のころの英語授業により、世界とつながる楽しさを知った滝本さん。「学校」という場所が好きで、小学校教諭をめざします。外国語研修のためハワイでの交換《こうかん》研修も経験。子どもにどう言葉かけをするとしっかり思いが伝わるのか奮闘《ふんとう》しながらも、多くの人とのつながりを大切にし成長していきます。現在は、魅力《みりょく》的《てき》な授業をどう展開するか創意工夫の日々。

「教師」へのあこがれ

私は、広島県の西条町というところで小学校教諭をしています。働き始めた最初の4年間は広島県北部の山間地域にある庄原《しょうばら》市で過ごし、現在の勤務先が2校目です。小学校教諭になってからあっという間に10年が経ちました。ここまでのことを少しふり返りながら、仕事の楽しさとやりがいについて紹介《しょうかい》してみます。

私が教師をめざしたきっかけは、大きく二つあります。

ひとつ目は、私にとって「学校」という場所が、いつも楽しさとやりがいが得られる場所であったことです。友だちと他愛のない話で笑いあったり、ひとつの目標に向かって努力したりすることはとても楽しく、たくさんの思い出があります。また、自分がもっているものを用いて誰《だれ》かのために働くことは大きな喜びを生みます。学習の教え合いや行事の練習、部活動などさまざまな場面で学校のよさや人とつながることのすばらしさを学生時代から感じてきました。

二つ目は、英語との出合いです。当時、中学生だった私は、英語が話せることに強いあこがれをもっていました。中学校での英語の先生との出会いから、実際に英語の楽しさにふれ、世界が広がっていくような経験をしました。外国人の先生と話したり、今まで知らなかった外国の歌や映画などの文化を知ったりすることで、目を開かれたような気がしたのです。

英語学習がもつこのような広がりを、学校現場で多くの子どもたちに伝えたい。そんなわくわくした気持ちが、教師という職をめざす一歩になりました。

進学先の高校でも、かけがえのない友だちと出会い、あらためて人とつながることが大好きになりました。高校を卒業するころには、中学校か高校の英語教諭になって、部活動で続けてきたバスケットボールを指導することが夢《ゆめ》になっていました。

そんな私が小学校教諭を志望した理由は、小学校へ導入された英語教育です。

小学校での英語教育の導入

英語の教員免許《めんきょ》を取得しようと考えていた私には、小学校、中学校、高等学校の三つの選択肢《せんたくし》がありました。大学入学時には、高校教諭が一番の夢《ゆめ》でしたが、大学で教育学について学び、子どもの発達について考える中で徐々《じょじょ》に自分の思いが変化していきました。人とつながる楽しさを共有するためには、小学校というもっとも成長著しい段階の子どもたちとかかわるのがよいのではないかと考えるようになったのです。

大学で出合った教育学や教育実習先での体験から、小学校教諭へのあこがれはどんどん強くなりました。そして、2011年4月、私はついに小学校教諭として教壇《きょうだん》に立つことになりました。

言葉の難しさ、大切さ

働き始めた最初の年、私は3年生の担任になりました。そして、毎日子どもたちと向き合いながら、うまくいかない授業に四苦八苦して過ごしていました。しかし、どんなに自分の力のなさを感じても、毎日子どもたちの前に責任をもって立たなくてはなりません。

加えて、毎日6時間程度、多様な教科の学習を指導しなくてはなりません。大学でも学んではきましたが、私は、実際に働き始めてから「小学校教諭」という仕事がどういうものなのか痛感しました。

ある日、算数の指導をしていた時のこと。学習内容の定着のため、子どもたちは計算問題のプリントを解いていました。私が丸つけをしながら個別の指導をしている時です。

「わからない人は手をあげてね」

「計算が完璧《かんぺき》にできている！　すごい！」

「○○くん、速い！　もうおもてが終わっている。うしろもいってみよう！」

などと、子どもたちをはげましながら指導をしていました。少し時間が経って、ふと顔を上げるとある男の子が教室の後ろで座っていました。どうしてそんなところに座っているのか尋《たず》ねると……。

「だって、先生がうしろに行けって言ったじゃん！」

私がプリントの裏という意味で言った「うしろ」は、彼《かれ》にとっては「教室のうしろ」だったのです。

今となっては笑い話ですが、このような調子で、はじめのころは、自分の考えていることがどうすれば子どもたちにきちんと伝わるのか、子どもたちが話していることがどのような意味なのか、そんな簡単なことでもつまずきながら日々の指導をしていました。

小学校教諭にとって、言葉はもっとも多く使う仕事道具です。言葉をどのように使うか、どのタイミングでどのくらい言葉にするか、10年経った今でも日々試行錯誤《しこうさくご》しながら過ごしています。

子どもたちとのかかわりから

小学校教諭になりたてのころ、もうひとつ私が悩《なや》んでいたことがあります。それは、「叱《しか》ることと褒《ほ》めること」の難しさです。

教諭になる前までは、何かを教えることはあっても、意図的に叱《しか》ったり褒《ほ》めたりすることは正直、経験がありませんでした。一人ひとり個性的で、多感な時期の子どもたちには毎日のようにトラブルが起こります。ある子が「悪口を言われた」と泣いて訴《うった》えている。相手の子は「そっちが先にしたんでしょ!」と怒《おこ》っている。問い詰《つ》めれば「どうせ私が悪いと思ってるんでしょ!」と心を閉ざしてしまう。

子どもたちとの日々のやりとりに、個別的なマニュアルはあり得ません。そのつど、状況《じょうきょう》や本人たちの言葉、表情などを見なが

東西条小学校

ら対応しなければなりません。

新任のころ、私は何があったのか具体的な事実を確認し、「白黒つけること」が必要だと思い込《こ》んでいました。どちらがどんな「悪いこと」をしたのかを見つけ出し、謝罪し合うことが大切だと考えていました。もちろん大切なことではあるのですが、これだけでは大抵《たいてい》の場合、うまく解決できません。話の聞き取りをすればするほど、それぞれの主張にすれ違《ちが》いが起こるようなことが続きました。

「どちらかがうそをついているのだ」と未熟な私はストレスを溜《た》め、長引くけんかの仲裁に子どもたちもストレスを溜《た》めていました。そんな時、ある先輩《せんぱい》教諭から「教師は見たことしか叱《しか》れない。褒《ほ》めることも同じだよ」と教えてもらいました。そして、先輩《せんぱい》教諭の指導する姿から、さらに大切なことを学びました。

「どうした？」「何があったん？」「この言葉がいやだったんだね」。ふだんから子どもたちをしっかりと見ている先輩《せんぱい》教諭には、トラブルの背景には何かたがいに理由があったに違《ちが》いないと考えられる余裕《よゆう》があったのです。それは、子どもたちの心の中をふだんからしっかりと「見よう」としているかどうかにかかっていると思います。

子どもたちの心の中を想像しながら寄り添《そ》う先輩《せんぱい》の姿に、小学校教諭の仕事とは、子どもたちの言動を善と悪に分けることではないと気付かされました。大切なのは、子どもたちの心の中のいやな思いや悔《くや》しい思いに寄り添《そ》い、人とつながったり許し合ったりする姿を共感をもって引き出すことなのです。それは、私が小学校教諭をめざすきっかけにもなった、「人とつながる」ことの大切さの再認識になりました。

小学校教諭は授業で勝負！

子どもたちとの関係をつくるためには、まず信頼《しんらい》関係を築く必要があります。休憩《きゅうけい》時間にいっしょに外で遊んでみたり、できるだけ個別に話す時間をとったりといろいろな工夫があるでしょう。しかし、やはり小学校教諭にとってもっとも必要なのは授業力です。

授業で子どもたちが学ぶ楽しさを知れば、学級は明るく、いきいきとするものだと思います。授業準備に使える時間は限られています。翌日《よくじつ》に6時間分の授業があったとしても、実際に授業準備に使える時間は1〜2時間程度です。授業準備のほか、集めたノートやプリントの丸つけ、学校で割り振《ふ》られた仕事、事務的な文書作成など、さまざまな仕事があ

6年生の英語の授業

ります。

慣れないうちは時間の使い方に苦労しながら、夜遅《おそ》くまで教材研究をしたり、朝になって焦《あせ》って準備をしたりとバタバタとした日々を過ごしていました。多くの失敗を経験しながら徐々《じょじょ》に、教科書の内容をそのまま伝えるのではなく、その単元で指導するべき内容を自分なりに「料理」し、子どもたちが意欲的にみずから学べるよう準備できるようになってきました。

もちろん準備ができたと思っていても、想定と違《ちが》うことがあったり、子どもたちが乗ってこなかったりと努力が実らないこともしばしばあります。でもやはり、一生懸命《いっしょうけんめい》準備した授業とその場しのぎで乗り切ろうとした授業では、子どもたちの反応は違《ちが》うものです。

私にとってうまくいった授業とは、子ども自身が学ぶ道筋を思い描《えが》き、意欲を高め、自分で（みんなで）できたという実感をもつような授業です。そんな授業をした時には授業後も話し足りない子どもたちが集まってきて議論をしたり、質問し合ったりします。

教えるのが上手な先生は、同時に学ばせるのが上手な先生とも言えます。子どもたちが「できた！」「わかった！」「もっとやってみたい！」と目を輝かせている時、自分のがんばりを認められたような気がして、つぎはどんな学習を計画しようかなと、うれしくなります。

また、小学校教諭の魅力《みりょく》のひとつは、自分自身の体験や学びが、そのまま子どもへの教材になり得ることです。指導内容が多様である分、どんなことでも子どもたちの学びに結びつけられます。

私が幼いころ好きだった虫取りの経験、中高生時代に汗《あせ》を流したバスケットボールやそこで学んだこと、大学生時代に行った海外旅行、そして、ふだん歩いて帰る道に咲く草花や飼《か》っている生き物など、自分自身の経験やつながりがさまざまな教科で活かせます。さらに、自分の失敗や後悔《こうかい》、けんかやコンプレックスなどネガティブなことですら、子どもをはげましたり考えさせたりする材料になり得ます。自分自身の学びや生き方そのものが自分の仕事の糧《かて》になっていると強く感じます。

自分を豊かに育てながら、同時に子どもたちを育てていくことができる小学校教諭が、授業力のある小学校教諭だと私は考えています。

英語教育を通して

英語へのあこがれから小学校教諭をめざした私ですが、教諭となって5年目からは、外国語教育の研究を行っている小学校へ赴任《ふにん》することになりました。そして、2017年か

英語教育についての校内授業研究のようす

ハワイで読み聞かせをしている時の瀧本さん

らは、研究主任という役割を担っています。まだまだ、小学校での英語教育を研究中ですが、どんな工夫をすれば子どもたちが楽しみながら話せるのか、どうやったら言葉をつなげて話したいという意欲を引き出せるのか日々試行錯誤《しこうさくご》しています。

研究主任という役割により、新たなつながりもできました。共同して研究に臨む同僚《どうりょう》、ＡＬＴ（外国語指導助手）、近隣《きんりん》の小学校の先生、子どもたちの進学先となる中学校の英語担当の先生、さらには、指導助言をしてくれる教育委員会や大学教授の先生、ほかの市や県の先生たちです。研究主任の仕事をしていなければ出会うことのなかった人たちとも知り合うことができました。

そして、研究主任となったはじめての年、幸運にもハワイでの３カ月間の交換《こうかん》研修というチャンスを得ました。広島県の小学校・中学校・高等学校から1名ずつ、計3名の教諭がハワイにホームステイし、現地の学校で研修をします。また、その後反対に3カ月間、ハワイの先生が日本に来て研修をするというプログラムでした。ホームステイ先は、現地の先生のご自宅でした。研修中は、個人と個人のつながりはもちろん、歴史上の国と国、人と人とのつながりも強く実感しました。

ハワイには、多くの日本人が移り住んだ歴史があります。そのため日本のファミリーネームをもっている人が多くいます。また、日本語が転じて現地語になっている例もあり、驚きました。ハワイでの交流で、移民、戦争、教育、伝承、自然など多くを学びました。人と人をつなぐツールである、言葉を学ぶことのすばらしさをあらためて感じることになりました。

小学校教諭は、地域にかかわることの多い仕事ですが、一方で世界とつながる可能性ももっているのです。

人との出会いの中で

小学校教諭の仕事は常に人から学ぶことで自身をも深めることができます。もちろん書《しょ》籍《せき》やインターネットといった情報からの学びもありますが、何より重要なのは、人から学ぶ姿勢だと思います。小学校教諭は常に多くの人とのつながりの中にいます。目の前の子どもたち、その保護者、地域の人、同僚《どうりょう》や上司の先生、学習でお世話になる企業《きぎょう》の人たち……。この10年間でほんとうにたくさんの人たちと出会ってきました。

小学校教諭という仕事は、一年ごとに区切りがやってきます。そのたびに、「先生ありがとう」「楽しかった！」「僕《ぼく》もがんばるから先生もがんばってね！」など、いろいろな言葉をプレゼントされます。もらった手紙も思い出もほんとうにたくさんあります。こうした人と人とがつくり出す網《あみ》の目が私の仕事そのものであり、私自身の生きがいとも言えます。

　そして、小学校教諭という仕事の最大の魅力《みりょく》は、自分のがんばりが、まわりの人たちの幸せにつながる仕事だということです。「子どもとその未来のため」にはげむことが、かかわりのあるすべての人たちの共通の幸せになるのです。

　その分、責任やプレッシャーもあるかもしれません。近年、小学校教諭の多忙《たぼう》な働きぶりがよく話題になっています。しかし、そんな中でも多くの小学校教諭は日々、子どもたちとまたとないドラマをつくっています。「できた！　わかった！」「おもしろい！　もっとやってみたい！」「自分の思いが相手に伝わった！」と瞳《ひとみ》をキラキラさせて話してくれる子どもたち。自信がなくたって、不完全だっていいのです。日々私自身が学び、子どもたちと話し合い、高め合っていく、そんな仕事が私は大好きです。

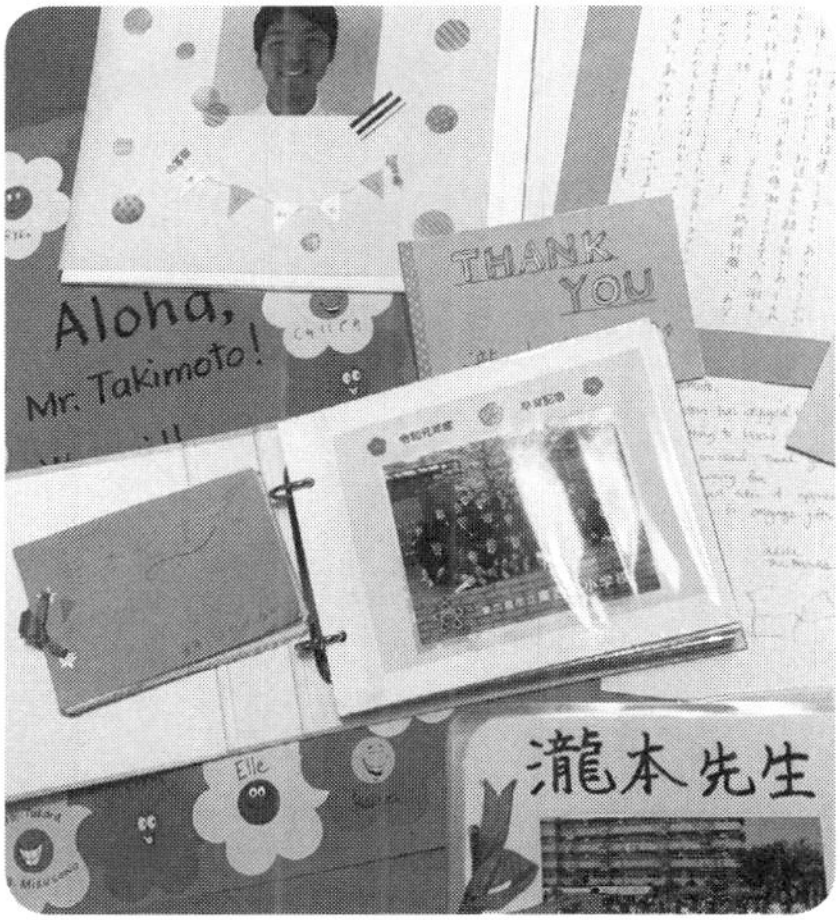

これまでに教え子たちからもらったメッセージ

ドキュメント 3 教頭として働く小学校教諭

多くの人の力を借りて人材育成に取り組む

埼玉県《さいたまけん》川口《かわぐち》市立《しりつ》元郷南《もとごうみなみ》小学校《しょうがっこう》
平野《ひらの》雅代《まさよ》さん

寄稿者提供（以下同）

平野さんの歩んだ道のり

40歳《さい》を過ぎてから教諭となった平野さん。当初は管理職をめざしていませんでしたが、しだいに教諭を育てる仕事も重要であると感じます。みずからの子育てが一段落ついたころに管理職選考試験に臨み、達成。現在は埼玉県の小学校で教職員と協力しながら、子どもや保護者との関係づくり、教育委員会との連携《れんけい》、施設《しせつ》・設備の管理などに取り組んでいます。

教頭としてのスタート

２０１８年４月、私は教頭となり新たな教諭人生がスタートしました。着任した小学校は、埼玉県川口市内にあり、緑が多く、自然豊かな環境《かんきょう》です。担任、そして、主幹教諭を経験してきましたが、管理職としての仕事はまったく未知の世界です。初任者として教諭になった時以上の緊張《きんちょう》感がありました。

着任した４月の初日、十分な準備（心の準備も含《ふく》めて）ができないまま、職員室前方の席に着きました。あいさつをすませ、すぐに職員会議の資料や教育委員会から送られてくる通知に目を通し、ほかの事務処理のことを考えながらも、頭の中は整理がつきませんでした。先生方からの質問にも十分答えられず、一日が過ぎていきました。情けなくなると同時に、不安はふくれ上がるばかりでした。

それから１週間は、毎日どう過ごしていたのか思い出すこともできません。でも、腹をくくり、わからないことは校長、前任の教頭をはじめ多くの先生方に確認するなど、助けられながら乗り越《こ》えました。１カ月、３カ月と過ぎ、ようやく仕事のペースをつかめるようになると、少しずつまわりが見えるようになっていきました。

水が出なくなるトラブル発生！

そんなある日、水道管の工事の影響《えいきょう》で給食室の水が出なくなるトラブルが発生しました。給食後の食器洗浄《せんじょう》の時間だったため、さあ大変。このまま水が出なければ翌日の給食にも影響《えいきょう》が出てしまいます。頼《たよ》りになる校長が不在のため、教頭である私が対応しなければなりません。まず水道業者に連絡《れんらく》をして、さらに栄養士と相談し、教育委員会の学校保健課に連絡《れんらく》をしたり、給水車の手配をしたりしました。給食調理員の作業再開は午後4時ごろとなってしまいましたが、その2時間後、食器洗浄《せんじょう》は終了《しゅうりょう》し、翌日の給食にも支障がありませんでした。

この時、学校を陰《かげ》で支える多くの人の力を実感すると同時に、施設《しせつ》・設備の管理が教頭として重要な仕事であることを痛感しました。

あるいたずら書きをめぐって

２０１９年、私は1年の勤務で同じ市内の別の小学校に異動となりました。前任校とまったく環境《かんきょう》が異なり、マンションが建ち並《なら》び、東京への通勤も便利な地域です。また、この小学校は、担任として3年間、主幹教諭として3年間、合計6年間勤めた深い縁《えん》がありました。教頭2年目ということもあり、多少の心の余裕《よゆう》と、そして、不安ももちながらの異動でした。

年度当初の目標のひとつは、「子どもたちが、落ち着いて教室で学習活動をすること」でした。あたりまえのことではありますが、これが容易にできないのが、学校の現状でもあります。まずは、校内の見回りを重点的に行うことを心がけました。

4月は子どもにとって、クラス替《が》えなど環《かん》境《きょう》の変化に対応することが難しい時期でもあります。なかには、授業中立ち歩いたり、廊下《ろうか》に出てきたりと落ち着かない行動をとり、時に校舎の外に飛び出そうとする子もいます。そんな時は、まず本人の言い分や話を聞いたり、職員室で学習をうながしたりして、気持ちを落ち着かせるようにします。そして、場合によっては担任や保護者も交えて対応を相談したり、スクールカウンセラーや教育相談員など外部機関と連携《れんけい》をしたりもします。担任を中心に地道な指導を続けていくことで状況《じょうきょう》が改善し、1学期末の7月ごろには落ち着きを取り戻《もど》していきます。

ただ、なかなか解決しない事案もありました。あるクラスでのいたずら書きです。人を傷つける言葉が、ある子の机や椅子《いす》に書かれていたことがありました。このままではさらに重大ないじめへと発展する可能性があります。保護者も大変心配されて、学校への対応を強く求めてきました。

担任と学年主任は、このことについて学級・学年指導を何度も行いました。そして、再発防止のため、担任は、朝、子どもたちが

4年生の下駄箱のある昇降口

登校する前から教室で待機し、休み時間は必ず教室にいて、子どもたちだけが教室にいる時間をつくらないようにしました。

毎朝、その担任は誰《だれ》よりも早く職員室から教室に向かいました。1学期途中《とちゅう》から3学期まで毎日欠かさずに。また、子どもたち一人ひとりとのコミュニケーションも大切にしていました。私は、そのようすを見守り続けました。

しばらくして、いたずら書きはなくなり、3学期に大きな変化が表れました。いたずら書きをされた子の表情がとても明るくなり、対応を求めてきた保護者から「子どもが楽しく学校へ通えているのは、先生の指導のお陰《かげ》です」と感謝の言葉が書かれた連絡帳《れんらくちょう》が届きました。それを受け取った担任の笑顔《えがお》から、安堵《あんど》感と達成感が伝わってきました。

余談ですが、この担任は一見ちょっとこわそうな教諭ですが、子どもが大好きで優しい心のもち主です。私は、職員集会で教職員全体に報告し、担任と学年の教諭をねぎらいました。見守ったり助言したりすることしかできませんでしたが、これが教頭の仕事でもあり醍醐味《だいごみ》でもあります。

教頭の一日

私の一日を簡単に紹介《しょうかい》します。毎朝7時ごろ、出勤しています。すでに2、3人の教諭が授業の準備等を始めています。なるべく元気な声で「おはようございます」と声をかけながら、職員室の自席に着きます。

教頭専用のパソコンを開き、教育委員会から届くメールをチェックし、一日の予定を確認します。毎日、送られてくるメールの量は膨大《ぼうだい》で、これをチェックするだけでもひと仕事。重要な通知も多く、その内容によっては教職員にすぐに周知しなければならないものもあり、見落としのないように注意しています。

その後、校門に立ち、子どもたちの登校を見守ります。「おはようございます」と元気にあいさつすることを心がけ、子どもたちのようすを注視するようにしています。元気のない子に声をかけたり、また、登校を渋《しぶ》っている子がいれば相談室など別室に連れて行って話を聞き、その後、担任につないだりもします。

日中は、職員室で事務処理をしたり、来校者の対応をしたり、ほかの教諭から子どもの支援《しえん》を依頼《いらい》されれば、すぐに教室に向かい対応したりします。落ち着かない子がいれば職員室でクールダウンさせたり、学習指導を行

「おはよう！」朝の登校指導

ったりすることも。

また、教諭の資質向上のため、校長といっしょに各教室を訪問し、1時間ほど授業観察を行うこともあります。教諭一人ひとりの授業を見て、放課後その指導・助言を行います。

ほかに、授業中けがをしたり、具合が悪くなったりした子がいれば、その容体によっては保護者にお迎《むか》えをお願いしたり、救急車の要請《ようせい》をしたりという対応もあります。トイレや手洗い場などで水漏《みずも》れがあれば専門の会社に修理を要請《ようせい》し、費用の会計処理も行います。

放課後は、職員会議など会議や打ち合わせ、また、担任と保護者の面談に同席することもあります。こうして私の一日は過ぎていきます。

なぜ、私が管理職に

小学校教諭になった当初、私は管理職になることをまったく考えていませんでした。なぜなら、私は40歳《さい》を過ぎて教員採用試験を受験して教諭になったからです。教えることの楽しさや難しさを知り、年齢《ねんれい》も年齢《ねんれい》なので、

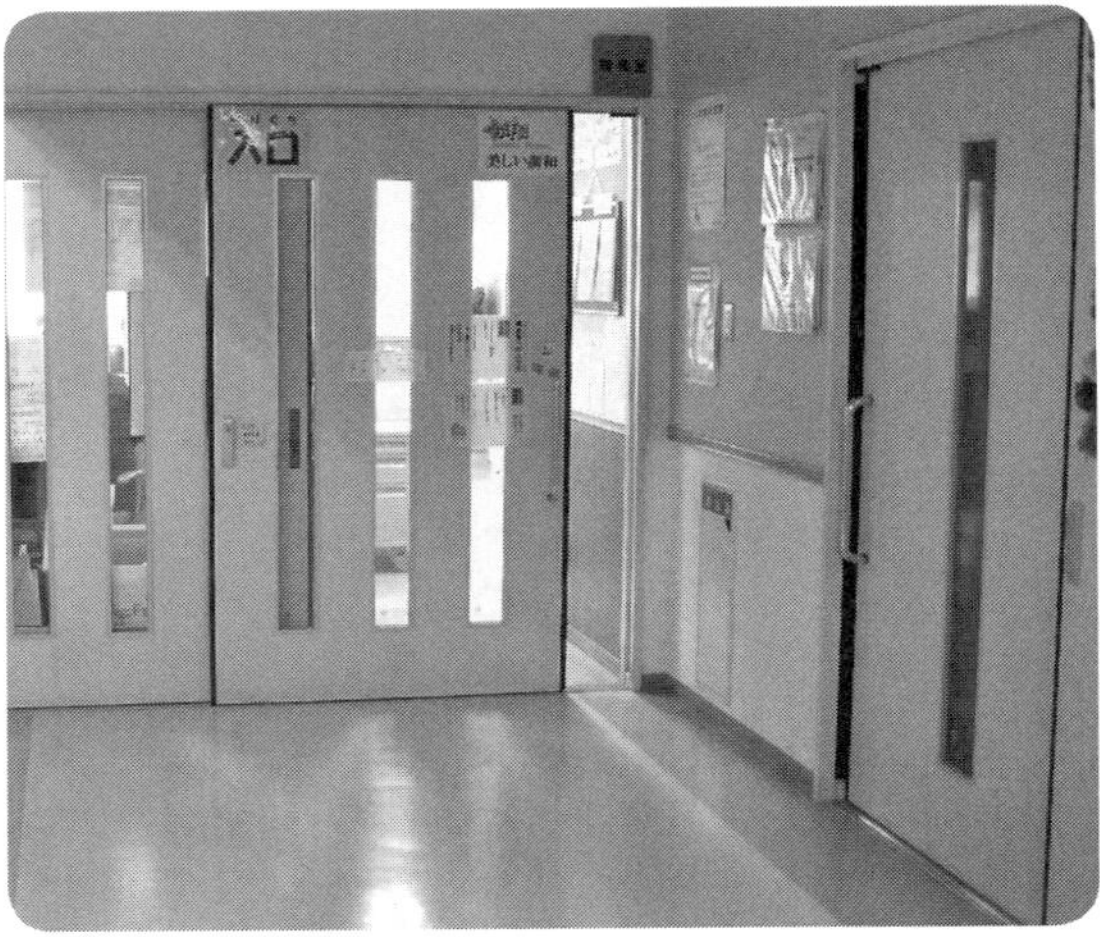

職員室の入り口。手前は校長室

定年まで続けることを目標としていました。

小学校教諭となって数年後、３年生の学年主任を任されていた時、同じ学年に大学を出たばかりの女性の初任教諭がいました。小学校教諭は、初任時から担任を任される場合がほとんどです。いっしょに学年を担当する学年主任は大変です。担任として必要な授業の準備・進め方、児童への指導、保護者への対応、事務処理など一つひとつ指導・助言しなければなりません。初任教諭のクラスでトラブルがあれば、自分のクラスを自習にして対応することもありました。

職員室で。パソコンでメール処理や書類作業

そんな中、うれしいことが初任教諭の成長でした。ある日、子ども用トイレの洗面台が習字で使用する墨汁《ぼくじゅう》で汚《よご》れていたため、私は掃除《そうじ》をしようとしました。すると、彼女《かのじょ》から「子どもに見せて指導してからきれいにしたほうがよいのでは」と助言を受けたのです。私は、はっとすると同時に彼女《かのじょ》の成長を感じ、うれしくなりました。はじめての感覚で、私自身も成長させてもらっているように思いました。そして、この経験が私の大きな転機となりました。

管理職から「管理職選考を受けてみたらどうか。子どもだけでなく、教諭を育てることもできるはず」と声をかけられました。「え、私が」と思いながらも、初任教諭の成長を実感した経験から、若い教諭の育成に興味をもち始めていました。また、子育てもほぼ終わり、時間的な余裕《よゆう》もありました。「これは人生を変える絶好の機会かも」と能天気な気持ちもあったかもしれません。そこで、「勇気をもって、一歩踏《ふ》み出そう」と覚悟を決めました。6年生の学年主任を務めながらの勉強はきついものがありましたが、この年齢《ねんれい》で学べる楽しさもありました。多くの人たちの協力もあって合格し、教諭としてつぎのステージに進みました。ここからがまた勉強の始まりでした。

教頭になってひとつ、悲しいことがありました。「平野先生」ではなく、「教頭先生」と

校長室で校長・主幹教諭との打ち合わせ

役職で呼ばれるようになったことです。重圧もあります。ただ、担任の時以上に、多くの先生や保護者、地域の方々と接する機会があり、人間関係が広がりました。クレームもありますが、解決した時の喜びは何物にも代えがたいものがあり、管理職も捨てたものではありません。

「新しい生活様式」の中での学校生活

教頭として３年目となる２０２０年度は、新型コロナウイルス感染症《しょう》対応による臨時休校という幕開けとなり、学校は、教育課程の見直しや調整のくり返しです。学校再開後は、「新しい生活様式」の中で学校生活を送り、「ＧＩＧＡスクール構想」の実現に向けて、ＩＣＴ環境《かんきょう》の整備も進められています。今まで以上に、教諭には高い技能や知識が求められます。ＩＣＴに苦手意識のある私は、大変な時代になってきたなぁ、と思うこともあります。でも、誰《だれ》もが得手不得手があるように、子どもだけでなく、教諭もできないことをできるようにしたり、知らないことを知ったりすることが学校です。

学校で、子どもだけでなく教諭も「笑顔《えがお》」で過ごせることが私の目標です。そのためにいちばん大切にしたいことは、人とのコミュニケーションです。管理職も含《ふく》めて教諭同士の関係が良好であれば、教諭と子どもの関係や子ども同士の関係に反映され、ともに「笑《え》顔《がお》」で過ごし、成長することができるでしょう。あの「いたずら書き」を克服《こくふく》した時の子どもと担任の「笑顔《えがお》」をたくさん見られるよう、日々努力し、自分自身も成長していきたいと思います。

2章

小学校教諭の世界

教師の歴史

「文明開化の先導者」から「ともに希望を語る人」へ

知の伝達者

今の小学校は、1872年に「学制」が公布されたことに始まりました。この制度では人口600人につき1校、全国で約5万の小学校設立ということになっており、6歳《さい》以上の児童に8年の義務教育を受けさせる計画でした。

もちろん、江戸時代に子どもたちが学ぶ場所がなかったわけではありません。それは寺子屋と呼ばれ、一人の師匠《ししょう》が習字（手習《てならい》）を中心に少人数の子どもを教えていました。「金釘《かなくぎ》を師匠《ししょう》真赤に焼直し」と寺子屋師匠《ししょう》は川柳《せんりゅう》に詠《よ》まれています。これは寺子（児童）を一人ひとり、順次前に呼び出し、赤字で訂正《ていせい》しながら習字を教えているようすを詠《よ》んだものです。寺子屋の師匠《ししょう》は雷《かみなり》師匠《ししょう》と呼ばれ、しつけの面でも子どもたちにはこわい存在でした。親たちも師匠《ししょう》を信頼《しんらい》し、寺子と師匠《ししょう》は生涯《しょうがい》、師弟の関係をもち続けていました。

しかし、明治になって計画された小学校では、現在と同じように一人の教師が多人数の子どもたちをいっせいに教えるシステムをとることになりました。それだけでなく、教える内容も一新されました。

この新しい学校の設立に明治の新政府は熱心でした。それは、日本《にほん》の近代化のためには、国民全体の知的水準を高める必要があったからです。近代化とはヨーロッパのように、鉄道網《もう》、通信網《もう》を整備し、大工場を造り、生産力を高めることでした。そのためには、アメリカやヨーロッパで生み出された知識や技術を導入することが必要だったのです。「文明開化」が当時の魅力的《みりょくてき》なスローガンになったわけです。ですから、新しく出発した明治の小学校は、手習をする場ではなく、「新知識」を教える場と考えられたのです。教師は「文明開化」の先導者、「新知識」の紹介《しょうかい》・伝達者であることを期待されることになりました。

のちに教育者として名を残すことになる湯本武比古《ゆもとたけひこ》は、１８７３年、17歳《さい》で教壇《きょうだん》に立ったころの思い出を語っていますが、当時の教師の一面を教えてくれます。彼《かれ》ら新教師は、福沢諭吉《ふくざわゆきち》（慶應義塾大学《けいおうぎじゅくだいがく》の創始者で西洋文明の紹介者《しょうかいしゃ》として有名）の著書を読み、西洋人や西洋人の生活を説明し周囲の評判をとっていたのです。それも今から思えば難しいことではなく、たとえば西洋人は羅紗《らしゃ》（羊毛）で洋服を作るとか、赤い服地は血ではなく染料で染めたものであるとか、その程度のことでした。

洋服を着た文明開化の伝達者としての教師は、子どもたちにはまぶしい存在であったようです。たとえば、のちに日本の社会主義運動の指導者となる片山潜《かたやません》は、1874年に小学校に入学しています。その小学校時代の回想の中で、教師から地動説を教えられるまで、世界は平面で、天竺《てんじく》（インド）とは高くて太陽にいちばん近い所、太陽は毎日東から西へ空を走るものだと信じていたと述べています。学校は子どもたちを未知の世界に導く場所だったのです。教師は、その導き手でした。子どもたちは好奇《こうき》心あふれる目を教師に向けていたのでした。

教師とは人を教える道具なり

新しい学校では同時に多人数の子どもにいっせいに教えることになりました。以前のように、一人ひとりを前に呼び出して教えるという方法では間に合わなくなります。そこで、新政府は東京《とうきょう》に師範《しはん》学校（教師を養成する学校）を設立し、新教授法の研究と伝達を行うことになりました。アメリカ人のスコットを先生に、一斉《いっせい》教授法を学ぶことになったのです。それは問答法と呼ばれる方法でした。教師は、実物や絵図を示しながら発問し、生徒がそれに答えるという方法です。

たとえば「柿《かき》」の絵を教師は棒で指しながら、「これは何の絵ですか」と問う。生徒は「柿《かき》です」と答える。教師は「どんな役に立ちますか」と問う。生徒は「果物で、食べるものです」と答える。最後に教師は「どのような方法で食べますか」と問う。生徒は「皮をむいて食べます。ときには干して食べることもあります」と答える。

こんな問答をくり返しながら、事物について教えていくのでした。これが問答法という新しい一斉《いっせい》教授法だったのです。ある時、教師が「教師とはなんなりや」という題で作文を書かせると、ある生徒が「教師とは骨と皮よりなりて、人を教える道具なり」とつづり、評判になるという笑い話のようなこともありました。

道徳の師

知の伝達者としての輝《かがや》かしい教師像は、比較的《ひかくてき》早く退場することになります。それに代わって知識の伝達より、生徒を善行に導くことが教師に期待されるようになりました。本来、知識の吸収と善行は矛盾《むじゅん》するものではありません。しかし、日本にあっては、相対立すると考えられるようになりました。

新しい知識の吸収は、ときに政府の考え方（政策）を批判する力に転化することになります。天賦《てんぷ》人権説（人は生まれながらにして、自由・平等の権利をもつという思想）を学んだ人びとは、その平等な政治的権利の行使を求めて国会開設を政府に迫《せま》ることになりました。そうした批判する力の増大を好まなかった明治政府は、知識の伝達を軽視し、教師に道徳的模範《もはん》者であることを要求するようになったのです。しかもその内容として、天皇への忠誠と国家への奉仕《ほうし》（忠君愛国）を求めることになったのです。

１８８５年、初代文部大臣となった森有礼《もりありのり》は、師範《しはん》学校を整備し、教員養成の方法を明確なものにしました。教師には「順良・信愛・威重《いちょう》」の三気質が必要だと森は考えました。順良とは国家の指示に従順であること、信愛とは同僚《どうりょう》教師で助け合うこと、威重《いちょう》とは児童や父母には威厳《いげん》をもって臨むことを意味していました。学問的力量は重視されず、この三気質の養成がもっぱら求められました。そのために、全寮《ぜんりょう》制で軍隊式の集団生活が師範《しはん》生には課せられることになりました。また森文部大臣は、教師は政治や経済に関心をもつべきではない、ただ教育のことのみを考えていなければならないと述べています。僧侶《そうりょ》が仏様を一心におがむように、教師は教育を本尊にした僧侶《そうりょ》でなければならないといっています。

こうして、道徳の模範《もはん》者としての意味と、教育を本尊とする僧侶《そうりょ》としての意味を合わせて、教師は「聖職」であるとの考え方が支配的になってきました。国民としてはふつうの行為《こうい》も、時には「聖職」であるがために非難を受けることもありました。

しかも、戦前の教師は「先ず《ま》生きる」ということから「先生」と呼ばれたほど、経済的に恵《めぐ》まれていたわけではありません。「聖職」は、教師にがまんをしいる考え方でもありました。かつての教師につきまとった一種の重苦しさ、暗さは、教師自身の自発性によってではなく、国家によって「聖職」であることを要求されたことに起因していたのです。

魂《たましい》の教師

それでも教育活動の自由が認められれば、教師は生きがいを見つけることができたでしょう。しかし、教科書は国定教科書で、各教科1種類と決められており、選択《せんたく》の余地《よち》はありませんでした。しかも教える順序や教え方も細かく定められていました。それに従って、教師は教案（現在の指導案）をつくり、校長の検閲《けんえつ》を受けて授業を行うのでした。創造的な教育活動が困難な仕組みになっていたのです。にもかかわらず、誠実に子どもたちの心に語りかける努力をした教師も多くいました。

明治の末期、代用教員（正式な教員資格をもたない教員）として、教壇《きょうだん》に立った石川《いしかわ》啄木《たくぼく》もその一人でした。彼《かれ》は「日本一の代用教員たらん」との高い志をもって教壇《きょうだん》に立つことになります。彼《かれ》が試みる教育は、子どもたちをひきつけますが、校長とぶつかることになりました。校長は教科書にないことを教えてはいけないとか、教則（教える順序を文部省《ぶんぶしょう》が定めたもの）通りに教えなければならないとか注文をつけるのです。

啄木は、そうした見かけは整然とした、しかし子どもに感動を与《あた》えることのできない学校教育を「日本の教育は、人の住まぬ美しい建築物である」とか、「日本の教育は、教育の木乃伊《ミイラ》である」と批判しています。教科書に従って規則通り教える教師は、魂《たましい》のないミイラとして彼《かれ》の眼に映ったのです。彼《かれ》は子どもの魂《たましい》に働きかけ、感動を与《あた》え、高めること、これが教師の仕事でなければならないと考えていました。子どもの興味や関心に寄り添《そ》いながら、ひからびた知識を教え込むのではなく、子どもたちの精神を豊かに高めること、そうした生きた知識を伝えようとしました。彼《かれ》はみずから作詞した歌を子どもたちと歌います。子どもたちはその詩が気に入り、学校の登下校時に口ずさみました。しかし、校長はそれが気に入りません。なぜなら、教科書にも教則にもなかったからです。

啄木がめざしたのは、子どもの魂《たましい》に働きかけ、ゆさぶり、高めることのできる「魂《たましい》の教師」だったのです。今日、めざすべき教師の姿を啄木は先駆的《せんくてき》に示していたのです。

ともに希望を語る人

1945年8月15日、第二次世界大戦は終わりました。日本の社会構造も大きく変化することになりました。学校、教師をとりまく環境《かんきょう》も変わりました。1947年に教育憲法である教育基本法が制定されました。教育基本法は、「真理と平和を希求する人間の育成」

と「普遍的《ふへんてき》にしてしかも個性ゆたかな文化の創造」にかかわるのが教育でなければならないと宣言しています。真理と平和を希求し、文化の創造に参加できる人間の育成が教師の課題となったのです。かつて、啄木が「魂《たましい》の教師」たらんとしたことに通ずるものでした。

真理も平和も、そして美も、人間が追究し続ける中にしか存在しないのです。ですから、希求し、創造する人間の育成が求められるのです。教育は、教師の仕事は、希求し、創造し続けようとする気力・体力・知力を形成することと考えられるようになりました。当然、教師自身が、一人の〝希求者〟でなければなりません。子どもたちといっしょに、真理と平和と文化の創造を求め続ける同行者なのです。子どもたちよりも、ほんの少し前を歩いている存在でしかないということを意味しています。かつてのように、真理の体現者としての教師像は否定されるようになったのです。

この教育基本法は、２００６年12月、新教育基本法が制定され、旧教育基本法となってしまいました。新教育基本法は、旧教育基本法の理念を継承《けいしょう》しながら、個別の利害を求める競争主義の激化《げきか》、国際化に対応して、新たに「公共の精神に基づき、主体的に社会の形成に参画」する態度の養成、「伝統と文化を尊重し、それらをはぐくんできた我《わ》が国と郷土を愛する」態度の養成を教育目標に掲《かか》げています。「真理と正義（平和）を希求し」「文化の創造」をめざす教育、教師の仕事については、もちろん変わることはありません。

フランスの詩人アラゴンは「教えるとはともに希望を語ること」とうたっています。人間存在に不可欠な真理と正義（平和）の希求、文化の創造をめざし、ともに未来に向けて希望を語る人、教師はそうした語り部でなければならないのです。

自立と連帯の援助者《えんじょしゃ》として

科学の進歩、技術の高度化につれ、私たちの生活環境《かんきょう》も大きく変わりました。ますますむだのない効率的な社会へと動いていくことでしょう。それに対応するための多量の知識や技術の習得が必要とされています。しかし、いかに便利になり効率的になっても、人間の本質と基本的生活を変えることはできません。いかにインターネットなどの通信網《もう》やビジュアルな方法が発達しても、書物（文字）を読み、思考し、書く、そしてさらに思考を深めるというこの循環《じゅんかん》から人間は自由にはなれません。

出版物も数多く、さまざまな方法で簡単に手に入ります。しかし、人間が文字を読む速さはいかに技術が進歩しても変わりようはありません。とすれば、多くの情報のなかから何を選び出すのか、これがきわめて重要なことになります。生命を維持《いじ》するための食べ物も豊富に身近にあふれています。簡単に手に入れることができます。それだけに、ここでも選択《せんたく》が重要なカギとなります。好みのものばかり食べていると、豊富さの中での飢餓《きが》という事態を迎《むか》えることになってしまいます。遊ぶことにしても同様です。

かつて、書物も食べ物も遊ぶことも、すべてが身近でなかった時、人間は本能的にそれらを求めてアクティブに行動してきました。今、高度な技術社会の中で、多量の情報が与《あた》えられ、人は座っていても簡単に必要なものを手に入れることができます。しかし、それだけに、人間にとって何が必要かを主体的に判断する力が求められています。科学や技術の成果を人間らしさのために活用する力が必要とされています。教師は、一人ひとりの子どもたちが自主的、自律的に生きていくことのできる力の形成に努めなければなりません。子どもの自立に必要な力を形成しなければなりません。

また、便利で効率的な社会は、人間の孤立《こりつ》化をもたらします。かつては、日常生活の中でも力を合わせなければできないことはたくさんありました。便利な現在の社会生活では、そうした場面は少なくなりました。しかし、人間は社会的存在であることから自由にはなりえません。相互《そうご》の個性を尊重しつつ、それゆえに相手に価値を認め、連帯（助け合う）していく中で、人間は成長し望むべき社会の形成へ向かっていくのです。連帯することのすばらしさ、これを教えることも教師の重要な役割になっています。

今日、教師はさらなる広い視点から自立と連帯の意味を考えなければなりません。情報手段、交通手段の発達にともなって、世界は一体化しつつあります。私たちは自立と連帯を、かつては、家庭、地域、そして国家という範囲《はんい》の中で考えがちでした。しかし、地球温暖化問題に象徴《しょうちょう》されるように、私たちの生活は、世界につながっています。私たちの自立と連帯が、私たちにもつ意味と同様に世界にどうつながり、それがいかなる意味をもつのかを考えなければなりません。教師の仕事は、その意味で、世界につながっていく大事な仕事だと言えます。

子どもの自立と連帯を追求し、ともに希望を語ること、これからの教師には、これらのことが今まで以上の重みをもって期待されることになるでしょう。人間や社会について教師みずからが希望を語れること、それが教師への出発点となるでしょう。

（森川《もりかわ》輝紀《てるみち》）

校長、副校長（教頭）、主幹教諭、学級担任など多くの人たち

学校組織の構成とさまざまな職種の人たち

小学校の組織を簡単に説明すると、校長を最高責任者として、その補佐《ほさ》役の副校長（教頭）、副校長（教頭）の補佐《ほさ》役としての主幹教諭《きょうゆ》、そして学級担任や一部の教科指導を受けもつ担任以外の教諭、さらに教諭とは異なった職務を受けもつ人たちによって構成されています。

学校に勤務する職員は、教職員と総称《そうしょう》されます。また、学校組織は、管理職などを上司として、ほかの教職員は役職などの上下がなく横並《よこなら》びに存在しています。

学校に勤務する教職員は、教諭だけでなくさまざまな職種の人たちがいます。

児童に直接教育内容の指導に当たるのが教諭ですが、教諭といわれる人のなかにも、主

幹教諭、指導教諭、養護教諭、栄養教諭、講師などがいます。さらに、それ以外にも事務職員や校務員など、児童の指導に直接は当たりませんが、学校運営に欠かすことのできない人たちも働いています。最近では、社会や保護者からのニーズに応えて、各自治体の判断で、介助員《かいじょ》、日本語指導員などをおいている場合も増えてきています。

いずれにしても、学校現場は多くの職種、さまざまな年齢《ねんれい》の職員で構成され、それらの人たちが「子どもたちのために」という同じ目的に向かって働いています。ですから学校力を最大限高めていくためには、それぞれの専門性や特性を活かし協力し合いながらひとつのチームとして機能するよう調整が図られることが大切になります。

教職員の職種

それぞれの職種について簡単に紹介《しょうかい》します。

校長——どの学校にも必ず1名います。

学校の最高責任者です。学校にある限られた資源（人・物・おカネ）を最大限有効に活用して学校経営を行います。児童や地域等の実態を踏《ふ》まえて学校教育目標を設定し、経営方針や重点などめざすべき方向の指示、所属職員のマネジメント、教育課程の編成、校内人事などの管理運営を行います。民間人（一定の「教育に関する職」の経歴年数がない）

が校長として任用される制度もあります。社会経験者（企業人《きぎょうじん》など）の前歴を考慮《こうりょ》して選ばれることが多く、斬新《ざんしん》な学校経営を行うための制度です。

副校長（教頭）――副校長と教頭のいずれかはどの学校にも必ずいます。校長の補佐《ほさ》役として学校運営を行います。校長の意を体して教職員との連携《れんけい》を密にして、学校運営や教育活動が円滑《えんかつ》に実施《じっし》されるよう調整を行います。また、対外的な窓口としての役割も担います。時には授業も受けもちます。

管理職といわれ、一定の教職経験と年齢《ねんれい》に達し、管理職選考試験に合格した人のなかから任命されます。

主幹教諭――自治体の判断により、どの学校にも必ずいるわけではありません。管理職の補佐《ほさ》、指示を受けて学校運営を行います。管理職と職員をつなぐ調整役です。自治体によっては管理職選考試験合格者がこの職に任命されます。多くの学校では、教務主任を努めることが多く、教育計画の立案その他の教務に関する事項《じこう》について連絡《れんらく》調整および指導、助言を行います。授業も受けもちます。

指導教諭――自治体の判断により、どの学校にも必ずいるわけではありません。教育指導の改善や充実《じゅうじつ》のために、ほかの教諭に対して指導・助言を行います。授業も受けもちます。

養護教諭――どの学校にも必ず1名います。

　児童の健康を守るとともに、児童が自分自身の健康の保持増進を図るために必要な能力や態度を養うための援助《えんじょ》、指導を行います。

　養護教諭の職務は幅広《はばひろ》く、日常のけがや病気への対応はもちろん健康診断《しんだん》の実施《じっし》、保健教育全般《ぜんぱん》、いじめや不登校に関しても積極的な役割を果たすことが期待されています。養護教諭になるためには養護教諭免許《めんきょ》状が必要です。

栄養教諭――自治体の判断により、どの学校にも必ずいるわけではありません。
　児童の食に関する指導（肥満、偏食《へんしょく》、食物アレルギーなどに関する個別指導、学年や学級集団への食生活に関する指導、家庭や地域と連携《れんけい》した食育の推進など）と学校給食の管

理（栄養管理、衛生管理、物資管理など）を行います。栄養教諭になるためには、栄養教諭普《ふ》通《つう》免《めん》許《きょ》状が必要です。

事務職員——どの学校にも必ず1名います。教職員が職務を円《えん》滑《かつ》に進めるために必要な諸々《もろもろ》の仕事を行います。学校予算の管理・執《しっ》行《こう》（修《しゅう》繕《ぜん》工事依頼《いらい》、備品や消《しょう》耗《もう》品《ひん》の購《こう》入《にゅう》と管理）、給《きゅう》与《よ》や旅費の事務が主な仕事ですが、学校の窓口としての対応も担っています。

その他の職員——自治体の判断により、人数などに違《ちが》いがあります。

・校務員（用務員）……学校内外の環《かん》境《きょう》整備（施《し》設《せつ》の修《しゅう》繕《ぜん》や校地内の除草、ごみなど廃《はい》棄《き》物《ぶつ》の処理）を担当します。
・介《かい》助《じょ》員……特別支《し》援《えん》学級など支《し》援《えん》の必要な児童の日常生活の補助・介《かい》助《じょ》を担当します。
・ALT（外国語指導助手）……Assistant Language Teacherの略。英語発音や国際理解教育の向上を目的とする授業補助を担当します。
・その他の職員……学校内の課題の解決や教諭の負担軽減のために、担当や人数などに違《ちが》いがあります。主なものにスクールカウンセラー、スクールソーシャルワーカー、学校司書、多様なニーズのある児童に応じた指導などの支《し》援《えん》スタッフ、授業準備や学習評価などの補助業務を担うサポートスタッフ、理科の観察実験補助員、スクールロイヤーなど。これらの職員には障害者雇用《こよう》も進められています。

学校を支える人たち

学校には、教職員以外にも多くの人びとがかかわっています。たとえばPTA（Parent-Teacher Association）は古くから学校を支える中心的な存在として大きな役割を果たしてきました。近年では、学校応援団《おうえんだん》が組織され、保護者だけでなく地域住民が学校を盛《さか》んに支援《しえん》しています。さらに、コミュニティ・スクール制度（学校運営協議会制度）が導入され、学校と保護者・地域住民などが力を合わせて学校の運営に取り組んでいます。

学校運営協議会の主な役割は、学校運営方針の承認、学校運営や教職員の任用に関して

意見を述べるなどです。「地域とともにある学校」をめざし、有効な仕組みとなっています。

また、円滑《えんかつ》な学校運営のためには、自治体の教育委員会はもちろん関係部署との連携《れんけい》も重要です。たとえば、発達障害の傾向《けいこう》のある児童には、教育センターの臨床《りんしょう》心理士が検査や面談などをして、かかえている課題や特性を保護者や教諭と共有し、環境《かんきょう》調整を図ったり指導法を模索《もさく》したりします。また、家庭環境《かんきょう》が劣悪《れつあく》であったり虐待《ぎゃくたい》が疑われる場合には、学校は子育て支援《しえん》課や児童相談所とも連携《れんけい》して、児童の安全を確保したりもします。

このように、さまざまな機関がその専門性を発揮して子どもたちの環境《かんきょう》改善に努めていくのです。

学校の運営

学校が円滑《えんかつ》に運営されていくためには、校長を中心に教職員が一致《いっち》協力していく体制づくりが不可欠です。学校運営に関する校長の方針やさまざまな教育課題への対応方策についての共通理解を深めるとともに、児童の状況《じょうきょう》などについて担当する学年・学級・教科を超《こ》えて情報交換《こうかん》を行うなど、職員間の意思疎通《いしそつう》を図ることがたいへん重要となります。そのために行われている会議などについて、一般的《いっぱんてき》な例を紹介《しょうかい》します。

職員会議

円滑《えんかつ》な学校運営のための意思統一と共通理解を図る最重要会議です。

職員会議は、校長が学校経営、教育目標、教育計画、教育課題への対応策などについて方針を提示し、教職員に理解させるとともに、職員の意見を聞く場です。かつては職員会議の位置づけが曖昧《あいまい》で、学校の意志決定機関のような扱《あつか》われ方をしていました。しかし、現在では法改正により、最終決定権は校長にあることが明確化され、「校長の職務の円滑《えんかつ》な執行《しっこう》のための補助機関」という位置づけとなっています。だからといってすべて校長のトップダウンというわけではありません。学校運営は教職員個々の力が結集されて成り立ち

ます。よりよい運営ができるよう、それぞれが知恵《ちえ》を出し合い、納得できるようにしていくことが重要です。半面、時間がかかってしまうことが課題となっています。

職員会議は、多くの学校では年度当初と月1回の定例で計画されています。扱《あつか》われる内容は多岐《たき》にわたります。

年度当初は、校長からの経営方針、学級担任や校務分掌《ぶんしょう》などの発表がされ、組織としての骨格がつくられます。また、年間の行事予定や授業の担当者、各学級の時間割が決定されます。さらに各担当者から、日常生活での共通理解事項《じこう》、年間行事や教育活動に関する計画などが提案、協議され、一年間の学校運営方法や教育活動の概要《がいよう》と流れが決定されます。

定例の職員会議では、翌月の行事や会議、出張などの予定と計画されている行事や教育活動に関する詳細《しょうさい》な計画などが提案、協議され、決定事項《じこう》に沿って全教職員がそれぞれの立場で必要な準備をし、円滑《えんかつ》な運営に協力します。

学年会・ブロック会議

年度当初に校長から任された学年と学級の運営に関連して学年会が行われます。学年主任のリーダーシップのもと、職員会議での決定事項《じこう》や方針に基づいて、学年目標や教材選定、学年行事などが検討されます。担当学年や学級担任については、校長が経験年数や年《ねん》齢《れい》構成、学年の実態、男女比、教諭本人の希望などを考慮《こうりょ》して決定します。誰《だれ》が誰《だれ》と、どの学年を担当するかは一年間の学校運営や学年経営に大きくかかわり、限られた人材のなかから組み合わせがつくられます。

また、学年を超《こ》えて、低学年・中学年・高学年などを単位（ブロック）として行事や教育活動を行うこともあります。一学年が1～3学級程度の学校でとられる方法です。ブロック会議では、必要なことを多めの人数で検討できるため、アイデア面でもメリットが大きいといえます。

各教科等部会

年度当初に校長から任された教科などの運営に関連した会議です。教科等主任のリーダーシップのもと、職員会議での決定事項《じこう》や方針に基づいて、その年度の重点や努力点、年間の活動計画や行事などが検討されます。

各部会への参加者は教科などにより異なります。学校全体にかかわる活動や行事を担当する体育や特別活動などは全学年から1名ずつ、人手をあまり要しない部会は主任と副主任のみ、人手が必要になった場合のみ全学年もしくはブロックから招集される場合もあります。

担当者（主任）についても、校長が各教諭の専門性や職務内容、これまでの経験や教諭本人の希望などを考慮《こうりょ》して適材適所となるよう、決定します。

担当学年や教科などの主任は、必ずしも全教諭の希望通りにはなりませんが、どの学年、どの教科、どの役割でも、任された担当に前向きに取り組んでいくことが教諭自身を高めていくことにつながります。そこでの経験が専門性や視野を広げ、資質向上の糧《かて》になっていきます。

その他の会議

ほかに以下のような会議があります。

企画《きかく》委員会（運営委員会）、生徒指導委員

ひんぱんに行われる研究会

瀧本耕平さん提供

会、就学支援《しえん》委員会、学校保健委員会、入学準備委員会、卒業準備委員会、学校課題推進委員会、学力向上推進委員会、体力向上推進委員会、民生児童委員連絡《れんらく》会議、学校応援団《おうえんだん》連絡《れんらく》会議、親睦《しんぼく》会などです。

たくさんの会議がありますが、多くは学年代表者や関係の代表者によって協議され、学校全体に周知されます。また、授業時数の確保や教職員の負担軽減のために、会議の回数や時間を短縮したり、長期休業中に会議を設定したりするなどの工夫が行われています。

小学校教諭の働き方に関する現状と課題

近年、教諭の働き方改革が話題となっています。「教員勤務実態調査（平成28年度）」（文部科学《ぶんぶかがく》省）によると、小学校教諭の一日当たりの学内勤務時間平均は11時間15分、定められている勤務時間は7時間45分、一日の超過《ちょうか》勤務は3時間30分であり、月20日間の勤務とすると一カ月では70時間を超《こ》えるという結果が公表されています。また、この調査結果とともに、教諭の時間外勤務についての取《と》り扱《あつか》いも課題とされています。

教諭の時間外勤務については教職員給与《きゅうよ》特別措置《そち》法で、災害対応など4項目《こうもく》を除いて「自発的な勤務」と位置づけられており、残業代は支払われず、代わりに残業した時間にかかわらず基本給の４％が支給されるということになっています。これを教職調整額といいます。基本給が20万円であれば、８０００円ですので、民間企業《きぎょう》や一般《いっぱん》の公務員であれば、ひと月に約5~6時間、1日15~18分程度の残業時間に相当します。このような実際とはかけ離《はな》れた状況《じょうきょう》から、「定額働かせ放題のブラック企業《きぎょう》」などと揶揄《やゆ》されることとなり若者の教諭離《ばな》れに拍車《はくしゃ》をかけているともいえます。

こういった問題の背景には、さまざまな要因がありますが、やはりいちばんにあげられるのは、勤務時間が仕事量の多さと相応していないということです。年々増え続ける多種多様な対応や新しい時代に合わせて加えられる指導内容、それを十数年前と同じ人数で請《う》け負うわけですから、無理が生じてあたりまえなのです。

この本を読んでいるみなさんのなかにも、教諭の実態を見聞きする中で、教諭志望をためらっている人もいるかもしれません。しかし、教育界の働き方改革も確実に進んできています。教諭の意識改革に頼《たよ》るだけでなく、国や県などの施策《しさく》も浸透《しんとう》し、働く環境《かんきょう》も改善されてきています。

教諭は、子どもが大好きで、子どもたちの「できた!」「わかった!」という満足そうな顔を見るのをこの上ない喜びに感じ、それこそが「教師のやりがい」と、骨身を惜《お》しまず働く人たちの多い現場ということもあります。日本の子どもたちの学力が世界のトップクラスを維持《いじ》していること、日本の教諭が海外から優秀《ゆうしゅう》だと評価されることも、こうし

さまざまな取り組みが教諭自身を高めることにつながる　瀧本耕平さん提供

た教諭たちの不断の努力の賜《たまもの》なのです。

教諭が疲弊《ひへい》していては、よい教育活動は行えません。「教師は最大の教育環境《かんきょう》」と言われるように、教諭自身の心身の健康を保っていくことは非常に大切なのです。

（埼玉《さいたま》県《けん》東松山《ひがしまつやま》市《し》立《りつ》新明《しんめい》小学校　鷲巣《わしのす》明喜《あきよし》）

小学校教諭の一年間の仕事、一日の仕事

春夏秋冬、子どもたちの成長を見つめ、かけがえのない日々を送る

仕事は4月から翌年の3月までがひと区切り

小学校教諭の仕事は一日一日の積み重ねです。そして、子どもたちをつぎの学年に送り出していくことになります。その意味で、仕事は一年間をひとつの区切りとします。教諭は日々の授業以外のさまざまな行事や研修に取り組みます。年間の行事・研修をまとめたものが72ページ図表1です。では、その一年間、そしてつぎに一日を見てみましょう。

感動の連続の一年間

教諭は、とても感動的な、そして季節感のある一年間を送ることができます。感動といえば、4月に子どもたちとの「出会い」があって、翌年の3月には子どもたちとの「別れ」

があります。季節感といえば、理科での桜の木の観察、真夏の太陽が照りつけるプールでの水泳指導、紅葉の季節の修学旅行、雑巾《ぞうきん》を絞《しぼ》る手も凍《こお》りつく冬の清掃《せいそう》。そして、教室には年間を通して笑いがあり、涙《なみだ》があり……。もちろん、これらの感動は日頃《ひごろ》の学級経営や学習指導が充実《じゅうじつ》すればするほど大きなものとなります。そして、その基本は授業です。

さらに、小学校には、毎日の授業のほかにも、さまざまな体験や活動の場があります。クラブ活動や運動会、遠足といった学校行事などはその一例です。年間スケジュールや内容は、学校や自治体によって、地域の実情や願いの違《ちが》いによって、さまざまです。魅力《みりょく》ある学校行事や授業以外の活動の場を創造し、その瞬間《しゅんかん》を子どもたちといっしょに過ごすことができるのは、教諭として何ものにも代えがたい喜びです。

基本は授業。そして、多彩《たさい》な行事で増幅《ぞうふく》される子どもの成長

グローバル化が進み、人工知能が飛躍的《ひやくてき》に進歩するなど、社会がますます急速に変化しています。でも、これからの社会がどんなに予測困難になっても、子どもたちがみずから課題を見つけ、みずから学び、みずから考え、判断して行動し、それぞれに「思い描《えが》く幸せ」を実現させる力を身につけるのが学校教育に課せられた大きな使命です。

学校には、子どもたちの「思い描《えが》く幸せ」の実現に向けて、子どもたちの成長をうなが

図表1 小学校教諭の一年間の例

月	主な行事
4月	入学式
5月	バスケットボール大会
6月	授業研究会
7月	避難訓練（竜巻から身を守る）
8月	夏休み 研修会
9月	運動会
10月	修学旅行
11月	校外学習
12月	校内美術展
1月	サッカー大会
2月	校内音楽会
3月	卒業式

す場面がたくさんあります。そのひとつは、なんといっても授業です。そして、遠足や運動会、入学式や卒業式などの学校行事も、子どもたちの成長のためには大切な取り組みです。

学校行事とは、行事を経験することによって学校生活に秩序《ちつじょ》と変化をもたせ、学校生活を充実《じゅうじつ》させたり、友だちとの望ましい人間関係を形成したりするために行う体験活動で、学習指導要領によれば、73ページ図表2のように整理されています。

子どもたちは、このような学校行事での体験と教室の学習で身につけた力との相乗効果によって、感動や学校生活に対する満足感を得ることができます。

学校行事と学級経営

A市の学校では、6年生になると、市内の全小学校を対象にしたバスケットボール大会とサッカー大会があります。これらの大会では、まずは校内で各学級が戦い、学校代表の

図表2 学習指導要領にみる学校行事

種　類	目　的	行事名(例)
儀式的行事	学校生活に有意義な変化や折り目をつけ、厳粛で清新な気分を味わい、新しい生活の展開への動機づけとなるような活動を行う。	入学式、卒業式 始業式、終業式 修了式 など
文化的行事	平素の学習活動の成果を発表し、自己の向上の意欲を一層高めたり、文化や芸術に親しんだりするような活動を行う。	学習発表会 校内音楽会 など
健康安全・体育的行事	心身の健全な発達や健康の保持増進などについての関心を高め、安全な行動や規律ある集団行動の体得、運動に親しむ態度の育成、責任感や連帯感の涵養《かんよう》、体力の向上などに資するような活動を行う。	運動会 健康診断、避難訓練 交通安全教室 防犯教室 など
遠足・集団宿泊的行事	自然の中での集団宿泊活動などの平素と異なる生活環境にあって、見聞を広め、自然や文化などに親しむとともに、よりよい人間関係を築くなどの集団生活の在り方や公衆道徳などについての体験を積むことができるような活動を行う。	全校遠足 修学旅行、「自然の家」 など
勤労生産・奉仕的行事	勤労の尊さや生産の喜びを体得するとともに、ボランティア活動などの社会奉仕の精神を養う体験が得られるような活動を行う。	通学路清掃 高齢者介護施設訪問 など

(種類と目的の出典　文部科学省学習指導要領より)

チームを決めます。そこで勝ち抜《ぬ》いて学校代表となると、近隣《きんりん》の学校同士で戦うことになります（ブロック大会）。サッカー大会の場合、このブロックの代表となると、全市から集まったブロック代表チームと優勝をめざして戦うことになるのです。最後の試合はＪリーグチームの本拠地《ほんきょち》としてのサッカー競技場で行われるので、子どもたちにとっては、小学校生活の大きな思い出となります。

４月、新しい学年が始まるとすぐにバスケットボール大会に向けての練習が始まりました。もちろん、めざすは優勝です。しかし、学級にはボールを扱《あつか》うのが苦手な子がいます。対戦相手となる他の学級には、地域のバスケットボールの少年団チームのメンバーがたくさんいます。このクラスが大会に臨むにさい

しては高い壁《かべ》がありそうです。そんな中、子どもたちは、休み時間や放課後などを使ってバスケットボールの練習を始めます。ドリブルが上手にできない子には、得意な子が見本を見せながら教えています。ディフェンスや速攻《そっこう》など、みんなでチームとしての作戦を話し合っています。

一方、子どもたちから「応援《おうえん》のための旗を作ろう」という声も上がってきました。体力やバスケットボールの技術の向上だけでなく、応援《おうえん》という気持ちの面からも優勝をめざそうというわけです。

「学級のマスコットを決めよう！」

「旗に全員の名前を書き入れるのもおもしろそうだよ！」

校内大会に向けて、来る日も来る日も「作戦↓練習↓作戦の見直し↓練習、同時進行で旗作り」を続ける子どもたちの姿を見て、担任の気持ちも高まってきます。

さて、校内大会当日。子どもたちが全力を尽《つ》くして戦ったにもかかわらず、このクラスは残念ながら全敗でした。

「あんなに練習したのに……」

「僕《ぼく》があそこでシュートをはずしてしまったから……」

大会が終わったあと、教室に戻《もど》ってきた子どもたちは、結果を出せずにうなだれています。悔《くや》しくて泣いている子もいます。でも、子どもたちは、クラスが一丸となって協力すれば、〝爽《さわ》やかな汗《あせ》〟と〝熱い涙《なみだ》〟が流れることを経験しました。担任が、「学級が、また少しまとまってきたな」と感じる瞬間《しゅんかん》です。

ところで、なぜバスケットボール大会に力が入るのでしょうか？　もちろん負けるよりは勝つほうがいい、ということもあります。しかし、担任は勝ち負けよりも、子どもたちが何かに「熱中すること」や「学級がまとまること」を期待しています。そして、実はこのことが子どもたちに「勢い」をつけることにつながるのです。実際、校内大会のあとにあった、県の絵画展覧会や読書感想文コンクールに出品したこの学級の子どもたちの作品は特選賞に選ばれました。そして、何よりも、授業に活気が出てきます。授業中の発言が増え、話し合い活動が深まり、一時間の学習の質が高まっていくのです。それから、子どもたちの自主的な活動も活発になってきます。ちょうどその年には、国内で大きな地震《じしん》があったのですが、その被害《ひがい》の大きさに心を痛めた子どもたちは、みんなで義援金《ぎえん》を集めようと行動を始めました。

「よい学級で学べば、子どもの学力・体力・徳力が伸《の》びる」

子どもたちが力を尽《つ》くす姿から、こうしたことが見えてきます。

夏休みの研修

夏休みになると、子どもたちがいなくなった校舎はとても静かです。新学期から約4カ月経ち、子どもたちと全力疾走《しっそう》してきた教諭も、ほっとひと息つく時でもあります。約40日間ある夏休み。子どもにとってはとても楽しみな時間です。また、教諭にとっても、旅行に出かけたり趣味《しゅみ》に没頭《ぼっとう》したりしてリフレッシュをするなど、2学期からの教育活動への充電《じゅうでん》をする期間です。しかし、教諭がこの夏休みをどのように過ごすかによって、2学期以降の授業や教育活動に大きな差が出てきます。

夏休み中には、市町村や都道府県の教育委員会が主催《しゅさい》者となって、教諭としての指導力や資質を高めるための研修会が開催《かいさい》されます。たとえば、授業に欠かせない発問づくりをテーマとした「国語科実技研修会」や不登校の解消に向けた対策について協議する「不登校対応研修会」。これらは、明日の授業からそのまま実践《じっせん》できる内容を含《ふく》んでいます。また、市の農業政策担当課との共催《きょうさい》による「できることから始める食育研修会〜農業体験をしよう〜」や学校の教育活動や組織運営に役立つ思考方法や発想を身につける「ブレイクスルー研修会」などのように、トレンドというか時代の流れに乗った研修会もあります。これらの研修会は、すべての教科や領域にわたって設けられ、先進的な研究に取り組んでいる教諭や学校の実践《じっせん》事例、著名な知識人の講話からも学ぶことができます。自分の得意な教科の指導法をさらに深めたり、不得意な分野について学んだりするためにも、ぜひとも受けたい研修です。

夏休みは教材研究の稼《かせ》ぎ時！

研修には、学校で研究テーマを定めて行うものもあります。そのなかでも役に立つのが、学区や学校のまわりをめぐるフィールドワークです。特に小学校の場合には、身近な地域を素材にして教材化することが大切です。

「地域の文化財にはどんなものがあるのだろう？」「学校のまわりではどんな植物が見られるのだろう？」など、子どもたちの生活の場である地域を取り上げないことには毎日の授業は成り立ちません。そこで、夏休みに、ふだん執務《しつむ》する教室や職員室を離《はな》れて、地域のフィールドワークに出かけるのです。

こんな実践《じっせん》があります。子どもたちがふだんから遊んでいる学区内にある公園は、昨年、田んぼだったところが公園に整備されたものです。さて、この田んぼの存在、子どもたちは、ただの田んぼ、あるいはあたりまえのようにあるふつうの田んぼ、といったくらいにしか認識していません。しかし、よく調べてみると、この田んぼは、今から約２９０年前、江戸幕府第8代将軍徳川吉宗《とくがわよしむね》の命により開墾《かいこん》された歴史のあるものだったのです。

実は社会科では、このような地域の発展に尽《つ》くした先人の開発の事例を、4年生で学習することになっています。そして大抵《たいてい》は、この学習を、教科書で、座学で学習しています。その上、教科書で取り上げられている開発の事例は、自分たちの住んでいる地域とは距離《きょり》的《てき》に離《はな》れていることもあるので、学習に当たってはどうしても子どもたちに気持ちの上での距離《きょり》ができてしまいます。そんな時、「子どもたちにとって、距離的《きょりてき》にも気持ちの上でも身近な事例があったら……」と思ってしまうのですが、そんな時に地域のフィールドワークが役に立ちます。フィールドワークでの収穫《しゅうかく》を、実際に教材にして授業をするのです。

子どもたちは、ふだん生活している場について学ぶのですから、学習への意欲も高まってきます。自分から課題を見つけたり、湧《わ》いてきた疑問について友だちとさそい合って放課後に調べたり……。学習後にはつぎのような感想がありました。

「自分が住んでいる地域にすごい歴史があったなんて知らなかった」

「こんな歴史のあるところに住んでいるなんて、ほかの市に住んでいる人たちはうらやましいと思うだろうな」

自分たちの住んでいる地域の学習をすることによって、住んでいる地域への愛情と誇《ほこ》りが芽生えてきたのです。この時、バラバラだった知識がさまざまに結びつき、子どもたちは学ぶことの本当の意味を体験しているのです。

真夏の暑い中に、歩いて地域を巡《めぐ》り、取材を続け、子どもたちの興味と発達段階と学習のねらいに即《そく》して、その学校のオリジナルな教材を創り上げる。自分で教材を創り上げることは決して楽なことではありません。しかし、その教材で学ぶ子どもたちのいきいきとした表情を目にした時、その苦労は報われたと思えるのです。夏の太陽をいっぱい浴びた実がなり、大きな収穫《しゅうかく》を実感したような……。

修了式《しゅうりょうしき》・卒業式

　年度末となる3月は、学校では全職員が多《た》忙《ぼう》を極めます。学校全体では、年度末のさまざまな事務処理と、4月から新年度をスムーズに始めるために準備もしています。教諭は、通知表や指導要録の作成などに当たります。また、一年間使用した教室や教材の整理・整《せい》頓《とん》、次年度の指導計画も作成しなければならないなど、これらの業務をやり遂《と》げるためには、かなりの時間と労力を費やします。

　しかし、その学年の最終日となる修了《しゅうりょう》式や卒業式には、その忙《いそが》しさをすっかり忘れさせてくれるほどの感動のシーンが待っています。

　3月下旬《げじゅん》のその日は、柔《やわ》らかな暖かい春の陽がふりそそいでいます。まるで6年間の充《じゅう》

実《じっ》した小学校生活を過ごした子どもたちがはばたく姿を、天気も褒《ほ》めたたえているかのようです。

体育館での卒業式を終え卒業証書を手にした卒業生は、静かに教室に戻《もど》ってきています。そして、最後の授業が始まります。最後の授業では、担任は、子どもたちへの最後のメッセージを伝えなければなりません。

「和而不同」

「和而不同」は、論語《ろんご》にある一節の一部で、「和して同ぜず」と読みます。「和」とは、相手を深く理解して調和するようすを、「同」とは、相手の言葉や態度だけで周囲に流されるようすを表しています。ですから、「和而不同」の意味は、(すぐれた人は)人と協調するが、主体性を失わず、安易に同調しないこと、と言えるでしょうか。私がいつも自分の行いをふり返る時の物差しにしている大切な言葉です。

2学期の学級会の話し合いのようすを思い出してください。話し合いのテーマは「思い出に残る卒業アルバムのクラスページをつくろう」というものでした。話し合いでは、「将来、アルバムを見返したら、思い出がよみがえってくるようなページにしたい」とか「自分たちの心のよりどころとなるようにしたい」など、さまざまなアイデアが出されました。どの意見も、小学校の最高学年としての自覚に満ちていました。しかも、おたがいの考えのよさを認めた上で、自分の意見を根拠《こんきょ》をもってしっかりと述べてもいました。友だちの意見や態度に流されるままに同意するようすは決して見られません。そこに見られたのは、〝協調〟と〝主体性〟のみごとな調和、まさに「和而不同」の姿です。話し合いを見ていてうらやましい気持ちになりました。

ところで、なぜ「和而不同」が大切なのでしょうか。それは、「和而不同」だから、真の友だちや仲間ができると思うからです。また、「和而不同」は、一瞬《いっしゅん》のおもしろさを求めるのではなく、長い将来の幸せを見越《みこ》しているはずだからです。おたがいがしっかりとした自分をもち、協調しながらも付和雷同《ふわらいどう》しない間柄《あいだがら》こそ、一生の宝ともなる友だちと言えるのでしょう。また、こういうグループを仲間と言うのでしょう。

ぜひ、卒業するみなさんには、和を大切にしながらも自分を失わずにいられるあなたであり、仲間でいてほしいと願っています。せっかくこの小学校で出会ったすてきな仲間と先生たちなのですから。

今年も卒業生を送る時がやってきました。別れは悲しくもあり、しかし、羽ばたくという意味ではうれしくもあります。卒業生のみなさんが、小学校での思い出とsame

に、「和而不同」の姿勢でたくさんの経験を積んでいくことを期待しています。10年後でしょうか、20年後でしょうか。その時に、みんなで一堂に会してまたおしゃべりを楽しみたいものです。

さあ、すべてのものが命あふれる春です。

「大きく、自由に、純に」

卒業おめでとうございます。


大好きな子どもたちと別れることのつらさと、そして今年も一年間子どもたちと本気で過ごしてきたことへの達成感や充実感《じゅうじつ》、成就感……。この熱い想いが涙《なみだ》となってあふれてきます。教諭になってよかった、と思える瞬間《しゅんかん》です。

一日の始まりは教室から

つぎは小学校教諭の一日です。学校の教職員には勤務時間が定められていて、学校によって多少の違《ちが》いはありますが、およそ午前8時半から午後5時までというのが一般的《いっぱんてき》です。86ページ図表3は4年生の担任の一般的《いっぱんてき》な一日の時間の流れを示したものです。それでは、

料金受取人払郵便

本郷局承認

5101

差出有効期間
2023年10月31日
まで

郵便はがき

113-8790

(受取人)
東京都文京区本郷1・28・36

株式会社 ぺりかん社

一般書編集部行

購入申込書

※当社刊行物のご注文にご利用ください。

書名		定価[円+税] 部数[部]
書名		定価[円+税] 部数[部]
書名		定価[円+税] 部数[部]

●購入方法をお選び下さい（□にチェック）	□直接購入（代金引き換えとなります。送料+代引手数料で900円+税が別途かかります） □書店経由（本状を書店にお渡し下さるか、下欄に書店ご指定の上、ご投函下さい）	番線印（書店使用欄）
書店名		
書 店 所在地		

書店様へ：本状でお申込みがございましたら、番線印を押印の上ご投函下さい。

※ご購読ありがとうございました。今後の企画・編集の参考にさせていただきますので、ご意見・ご感想をお聞かせください。

アンケートはwebページでも受け付けています。

URL http://www.perikansha.co.jp/qa.html

書名 No.	

●この本を何でお知りになりましたか?

□書店で見て　□図書館で見て　□先生に勧められて
□DMで　□インターネットで
□その他 [　　　]

●この本へのご感想をお聞かせください

・内容のわかりやすさは?　□難しい　□ちょうどよい　□やさしい
・文章・漢字の量は?　□多い　□普通　□少ない
・文字の大きさは?　□大きい　□ちょうどよい　□小さい
・カバーデザインやページレイアウトは?　□好き　□普通　□嫌い
・この本でよかった項目 [　　　]
・この本で悪かった項目 [　　　]

●興味のある分野を教えてください（あてはまる項目に○。複数回答可）。
また、シリーズに入れてほしい職業は?

医療　福祉　教育　子ども　動植物　機械・電気・化学　乗り物　宇宙　建築　環境
食　旅行　Web・ゲーム・アニメ　美容　スポーツ　ファッション・アート　マスコミ
音楽　ビジネス・経営　語学　公務員　政治・法律　その他
シリーズに入れてほしい職業 [　　　]

●進路を考えるときに知りたいことはどんなことですか?

[　　　]

●今後、どのようなテーマ・内容の本が読みたいですか?

[　　　]

お名前	ふりがな [　　歳] [男・女]	ご職業・学校名	
ご住所	〒[　　－　　]　TEL.[　　－　　－　　]		
お買上書店名	市・区 町・村　　書店		

ご協力ありがとうございました。詳しくお書きいただいた方には抽選で粗品を進呈いたします。

教諭の一日の世界に案内しましょう。

始業前の30分

小学校の場合、子どもたちは8時過ぎには登校してきます。ですから、たとえ勤務時間前であっても、担任は8時前には出勤していることが必要です。子どもたちが登校してくる姿を教室で迎《むか》えること、実は、これが子どもたちの一日を左右するほどの大切なことなのです。

「おはよう!」と元気に教室に入ってくる子にはひとまず安心です。でも、無言で、あるいはうつむきながらの子には注意を向けます。「家で何かあったのかな?」「何か悩《なや》みがあるのかな?」と心配になります。だから、「今日はこの子のようすを一日気に留めるようにしよう」とその日の留意点を把握《はあく》するのも、この朝の30分間のことです。

全神経を集中させて臨む授業

学校の使命のひとつに、子どもたちに学力をつけることがあります。そして、学力を身につけるための基本となるのは、授業にほかなりません。

教諭は、授業での質の高い学習指導をめざして毎時間奮闘《ふんとう》しています。子どもたちが意

図表3 ある小学校教諭の一日

6：00	起床	おはよう!!!
7：00	学校へ	今日やることを頭で整理しながら向かいます。
8：00	教室へ	「おはよう！」と元気に子どもたちを迎えます。
8：30	勤務開始	
	第1校時	算数
	第2校時	国語
10：30	休み時間	外へ出て元気に遊ぶ子、教室で静かに過ごす子。担任が教室にいられる場合には、子どもとのおしゃべりを。この時間は貴重な子ども理解の時間です。
	第3校時	道徳
	第4校時	体育
12：30	給食	食べることはやっぱり楽しい！　でも教諭にとっては指導の時間帯です。
13：00	昼休み	
	清掃	教諭もいっしょに清掃をします。
	第5校時	社会
	第6校時	学級活動
15：30	帰りの会	
	会議	職員会議、学年会、校務分掌会議、校内研修など。曜日によって会議等の設定が決まっています。
17：00	勤務終了	
		教室で子どもの学習ノートや絵などの作品を見たり、明日の授業の準備をしたり……。あるいは、職員室で仲間との会話を楽しむ時間です。
18：00	学校を出る	
19：00	帰宅	家族との団欒。その日の疲れを癒してくれます。
22：00	自分の時間 教材研究 等	テレビや新聞でニュースを確認することも大切な教材研究です。また、読書や自分の趣味のための時間も大切です。
23：00	就寝	おやすみなさいzzz……

欲的に学ぶには？ どうしたら基礎《きそ》学力が身につくのか？ 子どもたちの〝考える力〟を伸《の》ばすにはどのような指導法が効果的か？ まずは、このような学習指導の根本にかかわることを自分の指導の基本として明確にしておきます。その上で、45分間の流れや子どもたちの発言を増やすための発問、板書の計画など、授業中の具体的なハウツーを考えます。

2時間目は国語の学習です。教材は「ごんぎつね」。始業のチャイムがなりました。授業の始まりには、子どもたちのようすをさりげなく観察します。休み時間にけがをした子はいないか？ 体調が悪くなっている子はいないか？ 朝ごはんを食べてきていない子は、空腹で授業に対する集中力もなくなってきています。教室を大きく見渡《みわた》して、子どもたちのようすに大きな変化がなければ、早速学習に入ります。

どうしたら子どもたちが「楽しく」（「おもしろく」ではありません）学習に取り組めるのだろうか？ と、昨夜考え抜《ぬ》いた末にできあがった発問を子どもたちに投げかけます。

「ごんは、いたずらをしに来たのですか？」

「兵十《ひょうじゅう》がごんぎつねに向けて銃《じゅう》をかまえ『ようし』と引き金を引こうとする、そのあとに続く言葉を考えて、ノートに書きましょう」

「青い煙《けむり》は何を表しているのでしょうか。みんなで話し合いましょう」

45分間の授業では、教諭の発問に対して発言をする場面や自問自答をしながら静かに自分の考えをノートに書く場面、意見交換《こうかん》をしながら学級全体で考えを高め合う話し合いの場面も必要です。授業の展開が、教諭の発問↓子どもの発言↓発問↓発言↓発問……というような単調なものでは子どもの学習意欲も高まりません。むしろ、単調であることが引き金となって、その教科を嫌《きら》いにさせてしまう恐《おそ》れさえあります。どうしたら子どもたちが意欲的に学習に取り組めるのだろうか？　どうしたら子どもたちの学力を高めることができるのだろうか？　教諭である限り、いつまでも追究しなければならない大きな課題です。

さて、授業は学習指導の場面ととらえられがちですが、実は、いわゆる生徒指導の場面でもあります。学習の用具の忘れ物をしたり、

友だちの発表をしっかり聞いていない子どもがいたりすれば、指導しなければなりません。思いやりに欠ける発言があった時にも然《しか》りです。常に学級全体を見渡《みわた》して〝雰囲気《ふんいき》〟を感じ取らなければなりません。子どもたちの健康観察、学習への評価、道徳的な指導……。授業は、個性あふれる子どもと教諭とのあいだで生まれる〝ライブ〟と言ってもいいでしょう。

「今日は、みんなで話し合うことで兵十のごんに対する想いが変わったことがわかった。自分で考えてわかったということが、こんなに楽しいと感じたのははじめてだ」

こんな感想があると、教諭も満足感を得る充実《じゅうじつ》の45分間となるのです。

問題行動発生！

いじめや不登校、暴力行為《こうい》など、児童生徒の問題行動は年々増加傾向《けいこう》にあり、その解決を図ることが極めて大きな課題となっています。また、発達障害の可能性のある子どもは、通常の学級を含《ふく》め、すべての学校・学級に在籍《ざいせき》していると考えられ、こうした子どもへの指導・支援《しえん》のために、特別支援《しえん》教育をさらに充実《じゅうじつ》していくことも必要です。

ある日、こんなことが起きました。放課後、校舎内を見回っていると、昇降口《しょうこうぐち》のごみ箱に上履《うわば》きが投げ込まれていたのです。すぐに、学年主任や生徒指導担当教諭と連携《れんけい》し、関係する児童の人間関係とともに、目の前で起きていることを正しく把握《はあく》することにしました。正確な事実の把握《はあく》がなければ、正しい判断はできないからです。

つぎの日、ちょっと気になる子どもから話を聞いていると、上履《うわば》き隠《かく》しのいたずらは自分がやったことをぽつりぽつりと話し始めました。そこでその子の話をていねいに聞くことにしました。はじめはしんみりとした会話を心がけます。まずは心を落ち着かせることが大切だからです。落ち着いたところを見計らって、「なぜやってしまったのか」「今はどんな気持ちか」ということについて聞きました。その子の心をもみほぐして、柔《やわ》らかくしてやりながら。最後に、「これからどうしよう」ということについていっしょになって考え、その場を気持ちよく終えました。

話を聞く中で、いたずらをしてしまった子のお父さんは単身赴任《ふにん》中で、お母さんも仕事が忙《いそが》しく、毎日寂《さび》しい想いをしていることがわかりました。不意に先輩《せんぱい》から教えていただいたこんな言葉が思い出されました。

「子どもといっしょに泣ける教諭って、すてきだと思わないか」

放課後もなかなか忙《いそが》しい

放課後になると、職員会議や学年会、研修など、さまざまな会議や会合があります。職員会議や学年会は、学校行事への共通理解や子どもたちのようすの情報交換《こうかん》など、日々の指導のために欠かすことのできない会議です。また、研修は授業力を高めたり、子どもも理解の方法を深めるためにも大切な場です。これらの会議や研修の年間の予定は、年度当初に決められています。

学年会では、毎日の学習についての指導法の確認をしたり進度を調整したりします。学年会での教材研究は、教科書会社が発行する指導書の解説よりも有益です。子どもの姿が見え、授業をしている場面が想像できるからです。

1キロメートルの長さや1アールの広さなど、距離《きょり》や面積を表す単位について学習する算数の教材研究を例にしましょう。

「学校の敷地《しきち》の角から子どもたちのよく遊んでいる公園の入り口までが、ちょうど1キロメートルだって知っていた？」

「校庭のバスケットボールコートの半分が1アールなんだよ」

こうしたことを先輩《せんぱい》の先生から教わることで、1キロメートルという長さや、1アールという広さを実感することの大切さを痛感します。長さや面積の単位についての学習だけで終わらせようとしてしまうところを、子どもへの生きた教材研究のヒントをもらえる場、それが学年会なのです。

また、学年会では、遠足や運動会などのように学年として取り組む行事に向けての教諭の役割分担や準備も行います。最近では、ティーム・ティーチングや小学校でも教科担任制が取り入れられてきているので、その打ち合わせをするのも学年会の時間です。このような話し合いを通して、子どもたちのようすについても情報交《こう》換《かん》をしていくのです。

子どもたちの能力や性格などの個性は多様です。この個性の多様化に対応していくためには、担任一人では限界もあります。そんな時に複数の教諭の目で子どもたちを見守っていく体制は効果的です。学級の枠《わく》を超《こ》えて、学年のスタッフ全員でその学年の子どもたちを指導していこうとすることが大切になってきている現在、学年会はますます欠かせないものになっています。

子どものノートは宝の山

会議や研修が終われば、学級や学年の事務に当たります。テストの採点、学年会計の処理、担当の校務分掌《ぶんしょう》の資料づくり……。やらなければならないことは山ほどあり、このような事務処理をするだけで勤務時間を過ぎてしまうこともしばしばです。それでも、子どもたちの学習ノートを見るのは楽しみのひとつです。

子どもたちのノートには実にさまざまなことが書いてあります。今日の授業の内容は理解できているか、授業を通して子どもたちはどんなことを考えたのか……。特に、子どもたちが45分の授業のまとめとして記述した内容には、読みながらドキドキしてしまいます。「小学生でもこんなに論理的な思考ができるのか！」と感心することもあれば、「こういう考え方は自分にはなかった！」と思わず脱帽《だつぼう》するような発想もあります。その逆に、「これでは授業の内容をしっかり理解しているとは言えないな」と、自分の指導を反省させられる記述もあります。でも、そんな子どもの記述に一つひとつコメントしていくと、ついつい時間が経つのも忘れてしまいます。子どもがノートに記したことは、自分の指導への評価なのだと思いながら……。

夕方の職員室は、教諭としての自分を高める教室

学年会や教室での学級事務を終えて職員室へ戻《もど》ってくると、同じように学級での仕事を終えて職員室へ戻《もど》ってきた教職員がいます。学級担任、音楽などを担当している専科教諭、養護教諭、栄養士などの栄養職員、校務員さんなどなど。勤務時間も終わっているし、コーヒーでも飲みながら、たまにはお菓子《かし》もつまみながらちょっとひと休みをすることもあります。そして、そこでは自然と子どもの話や指導法、教育論の話の輪が広がっていきます。音楽を担当している教諭から「今日、A君は、グループ活動をよくリードしていたよ」とか、校務員さんから「Bさんは、飼育《しいく》小屋のウサギの世話をとってもよくしている

よ」といった担任にとってはうれしい話題もあれば、「CさんとDさんは、最近けんかをしているみたいだよ」といった気になる情報もあります。担任にとっては、朝の8時から8時半までの30分と同じように、夕方のこの時間も貴重な時間です。

学校には、尊敬できる先輩《せんぱい》や常に子どもに寄り添《そ》いながら日々の指導に当たっている教職員がたくさんいます。そういう先輩《せんぱい》や仲間たちが、指導法や教育論について語り合っている場面はほんとうに刺激的《しげきてき》です。子どもの本当の力を見取るには、「その子の今の力」はもちろんだが、これまでの経緯《けいい》＝つまり「その子の背景」と、これからの展望というか「その子のもち味」、これらをできるだけすべて見通したり見越《みこ》したりすることが大切だとわかったのも、この語らいの場でした。

一日の疲《つか》れを癒《いや》す

家に帰る時間は、毎日決まっているわけではありません。学期末や受けもっている子どもの問題行動があった時などには、退勤が遅《おそ》くなることもあります。一日の勤務を終えると、実にさまざまな思いが交錯《こうさく》します。授業がうまくいったという満足感に浸《ひた》れる日もあれば、保護者からのクレームに落ち込む日もあります。

今、教諭は疲《つか》れているといわれています。規範《きはん》意識の低下や価値観の多様化、情報化の進展などにより、人と人とのかかわりが希薄《きはく》になり、子どもたちを取り巻く環境《かんきょう》が大きく変化してきていることが背景にあるようです。でも、次代を担う子どもたちを育てる教諭が疲《つか》れていては、子どもたちが健全に育つことなどあり得ません。一日の終わりや週末には、体の疲《つか》れをとり、気持ちをリラックスさせることがどうしても必要です。家族との団欒《だんらん》や友人との語らいも支えです。子どもたちが「喜んで登校して、満足して下校」する、その主翼《しゅよく》を担っていると自覚した時、教諭は「喜んで出勤して、満足して退勤」することができます。「学ぶ楽しさ」を味わって喜ぶ子どもの傍《かたわ》らに教諭としての自分がいる、教諭は天職だと感じる瞬間《しゅんかん》です。

（さいたま市立常盤《ときわ》小学校　三島公夫《みしまきみお》）

私立小学校について

最後に、私立小学校について紹介《しょうかい》しておきましょう。

２０２０年現在、日本全国にある私立小学校は２４０校（公立小学校は約１万９０００校）。私立小学校がいちばん多く存在する東京《とうきょう》にはその約23％の55校があります。通っている子どもたちの全体比率で言うと、全国の約１・３％、東京でも４・３％と言われています。つまり、私立小学校数は全国の公立小学校数と比べると、たいへん少ないと言えます。

私立小学校は学校によってさまざまな経緯《けいい》を経て設立されています。大正自由教育の流れの中で生まれてきた学校。中学や高等学校また大学まである学校の附属《ふぞく》校としての学校。仏教やキリスト教など宗教を背景にもつ学校。設立の過程はいろいろですが、どの学校にも共通して言えることがあります。それは創立者による「建学の精神」があるということです。どの学校もその「建学の精神」を具現化するために「教育課程」が組まれ、日々実践《じっせん》しています。「教育課程」は時代とともに少しずつ変化、発展していくこともありますが、根底に流れている「建学の精神」は変わりません。

「建学の精神」をもとにそれぞれの学校では独自のカリキュラム（教育課程）をつくっていますが、私立小学校も「公教育」のひとつですから、学習指導要領を無視した教育活動はできません。どの学校も学習指導要領を踏襲《とうしゅう》した上で、各学校ならではの独自性を出し、「建学の精神」にのっとった教育活動を行っているのです。

（聖徳学園《しゅうとくがくえん》小学校　古賀有史《こがゆうし》）

寄稿者提供（以下同）

私学の建学の精神のもと

学校法人《がっこうほうじん》聖徳学園《しょうとくがくえん》 聖徳学園小学校《しょうとくがくえんしょうがっこう》
古賀有史《こがゆうし》さん

私立小学校に勤めた理由

小学校から大学まで、公立、国立の学校で過ごしてきた私にとって、私立小学校に勤務するということは必ずしも「しっくり」いくものではありませんでした。教員採用試験に受からなかった私は、浪人《ろうにん》生活をしていく強い気持ちもなく「とりあえず」的な気持ちで私立小学校への門をくぐることになりました。

中に入ってみると、同じような思いの教諭が少なくないことがわかりました。先輩《せんぱい》教諭のなかには、夏には公立学校教員採用選考試験を受けて退職していく人もいました。私はというと、教諭という仕事を日々しながら公立学校教員採用選考試験の準備をしていく、ということがなかなか大変なことだと考え、その道を選ばなかったとも言えます。さらに、今思えば、右も左もわからない私立小学校で仕事をしていくことがおもしろく思えたから、とも言えます。

私立小学校といっても、教育指導要領の範《はん》囲《い》を逸脱《いつだつ》して何でもしていいわけではありません。私立小学校も、文部科学省の定める学習指導要領を踏襲《とうしゅう》した上で、それぞれ独自の教育方針、教育課程（カリキュラム）をもち、その独自性を発揮しているのです。

私立小学校のおもしろさ

東京都武蔵野《むさしの》市にある私立聖徳学園小学校。私がこの小学校での仕事がおもしろく思えた理由のひとつは、当時赴任《ふにん》してすぐに担当した「英語」という授業に、まだカリキュラムがなく、それをつくるところからスタートしたからかもしれません。こう話すといかにも「黎明期《れいめいき》のフロンティア」のようで、格好よく聞こえるかもしれませんが、実際は、毎日登校してきている子どもたちの明日の授業のカリキュラムがないわけですから、焦《あせ》りまくりの毎日でした。

子どもたちを前にしながら、年間のカリキュラムを複数学年にわたってつくり、実践《じっせん》し、そのようすを報告し合い、また修正していく。そのくり返しの中で、数少ないながらも「授業がうまくいった」「子どもたちの目が輝いた」「子どもたちに確かに何某《なにがし》かの力がついた（かもしれない）」と感じられることがとてもうれしく、やりがいを感じたものです。

しかし、こういったくり返しは、どの教科、どの実践《じっせん》においても、また何年目の教諭であっても同じであるべきように思います。そして、やがて私立小学校というのは、そういった小回りがきく、話し合いで変化、変革、修正がきく組織なのだとわかると、とても働きやすい、働き甲斐《がい》のある職業、職場なのだと思えるようになりました。

公立小学校との差異

赴任《ふにん》当初、ある先輩《せんぱい》教諭に「私立小学校というのは公立小学校のアンチテーゼだからね。公立小学校と同じことをやっていたんじゃ、その存在価値がないんだよ」と言われたことがあります。公立学校育ちの私からすると、私立小学校での仕事のおもしろさは確認できたものの、「公立小学校の何がよくないのだ」という思いがありました。しかし、ふり返ってみると、私がこれまで自分が勤める私立小学校でやってきた実践《じっせん》のなかには「これは公立小学校ではやれなかったかもしれないなぁ」と思い当たるものが多々あります。

保護者から少なくないお金を集め、学芸会に向けてクラスで「オリジナルＴシャツ」を作ったり、さらには調子にのって、さして必要もないのに「オリジナルパーカー」も作ってしまいました。歴史学習の延長という名目で、思いつきで、年間行事予定にない鎌倉《かまくら》への遠足を学年だけで企画《きかく》したこともありました。帰路は贅沢《ぜいたく》にもロマンスカーで帰ってきました。もちろん、学校に届けは出していましたが、よく当時の校長は許可をしてくれたものだと思います。

子どもたちに「この演劇を見せたい」と思った時には、それをクラス単位、学年単位で実施《じっし》することもできました。「学校宿泊《しゅくはく》」というものを企画《きかく》し、ひと晩だけながら、子どもたちと一夜を学校で過ごしたこともありました。音楽科に所属している時には、学校や学校長から依頼《いらい》されたわけでもないのに、それまで体育館で行っていた「音楽会」を1000人以上が収容できる市民文化会館大ホールで行う企画《きかく》を周囲の教諭と立案し、今ではそれを毎年の例会とすることができました。

最近では私が個人的に応援《おうえん》しているJリーグチームのサッカー観戦会を企画《きかく》し、毎年有志ながらも子どもたちの引率応援《おうえん》が認められています（サッカー部を引率しているわけではありません）。

すべての私立小学校がこれと同様というわけではないでしょうが、このように企画《きかく》に教育的意図をもち、保護者と学校に理解を得られれば、さまざまな実践《じっせん》が可能というところが、私立小学校の魅力《みりょく》かもしれません。

運動会の練習

私立小学校の待遇《たいぐう》は

待遇《たいぐう》面は、それぞれの私立小学校においてさまざまです。私はすべての私立小学校の待遇《たいぐう》を知っているわけではないため、一律に「こうです」と紹介《しょうかい》はできません。しかし、私の勤める学校の理事長が、かつてこう話していたことを覚えています。

「先生方には公立小学校以上にがんばってもらっているところがありますから、それに劣《おと》らないだけのお給料をお支払いしたい」と。

以前に先輩《せんぱい》教諭が「私立小学校は公立小学校のアンチテーゼ」と言っていた話と通じるところがあるのかもしれません。基本的には、公立小学校の教諭に準じた給料（人事院勧告《じんじいんかんこく》の定めるところの給与《きゅうよ》表に基づく）と同等程度は頂けているのだと思います。

全校百人一首大会に向けてクラスで練習

私の学校の夏休みは比較的《ひかくてき》おおらかです。夏季休暇《きゅうかび》日は決められているものの、その他の日はすべて出勤しなくてはいけないということはなく、自宅研修も認められています。もちろん、あくまで「研修」なので、その成果をレポートという形で8月末に提出するのですが、それも、やらされているというよりはやりたいことをさがして「研修」として取り上げるのですから、むしろ歓迎《かんげい》すべきことかもしれません。2学期の準備をするために、自分のペースで出勤して仕事をしたり、自宅で準備、研修をする選択《せんたく》ができる、ということも恵《めぐ》まれているように思います。

私の学校の勤務時間は、8時15分から8時間勤務。昼食の時間も勤務（昼食指導）していることになり、1時間のお昼休みは後取りとなります。よって退勤は16時15分。

私は毎日16時15分に退勤しているわけではありませんが、会議などがなく、用事があったり、極めて仕事が順調に進んでいる時はその時間に退勤します。もっとも、朝は8時15分に出勤する教諭はあまりおらず、子どもたちを迎《むか》えるために、教室の窓開けなど朝の準備のために、ほとんどの教諭は8時前に出勤しています。その点は公立小学校、また民間企業《きぎょう》の職場とそう変わらないと思います。

私立小学校教諭のスキルとは

かつて私は学生時代に、埼玉県の郵便局本局で郵便番号を見て、郵便物を配達方面別に分けるアルバイトをしたことがあります。まだ郵便番号が5桁《けた》の時代で、7桁《けた》の機械による読み取り式になる前だったので、埼玉県内の市町村の郵便番号はすべて覚えることが必要でした。覚えることで仕事が早くなりました。また、郵便物がはがきや封書《ふうしょ》の場合は目の前の仕切られた棚《たな》に仕分けるのですが、これが小包となると、いくつもある目の前の郵《ゆう》袋《たい》に小包を投げ入れることになり、これまたコントロールがよくなければ務まりません。私はこのアルバイトでその二つのスキルを身につけました。

　また、スーパーマーケットの食品売り場でアルバイトしていた時は、主に豆腐《とうふ》や総菜を声に出して売っていました。バックヤードから効率よく品出しをし、その日に力を入れて売りさばきたい商品に、いかに興味をもってもらうかを考えながら、行き交う買い物客に、声をかけていくのです。これはこれで、ある種のセンスとスキルが要求されました。

　では、小学校教諭、とりわけ私立小学校教諭として求められるセンス、スキルとはどんなものなのでしょう。私は今でも、本来、教諭に「公立」も「私立」もないと考えています。仮にもし、私立小学校にある種のアドバンテージがあるとすれば、それは、子どもたちの興味関心、保護者のニーズ、リクエストにアンテナを張り、方向転換《てんかん》しやすく、小回りの利く小さな組織である「私立小学校」という場を存分に活かして教育実践《じっせん》ができることではないかと思います。

　誤解のないようにつけ加えるとすれば、それは、私立小学校はお金を払って通わせている保護者やその子どもたち、あるいは時に社会からの要求すべてに応じていこう、ということではありません。それぞれの建学の精神をもって建てられた私立小学校のゆるぎない教育方針のもと、そこに賛同する教諭、保護者、子どもたちといっしょに学校をつくっていこうということなのです。私立小学校の教諭のやりがいはそこにあり、時代と子どもたち、保護者の願いを嗅《か》ぎ取りつつ、小回りを利かせながら日々の実践《じっせん》を楽しむ力こそ、求められるセンスであり、スキルなのかもしれません。

私立小学校教諭への道

私立小学校教諭の募集《ぼしゅう》は、以前は新聞広告や大学の求人掲示板《けいじばん》などで告知されていました。また、大学の卒業生が赴任《ふにん》した私立小学校から大学の研究室を通して「声がかかる」ということもありました。今でもそういうケースはあるかもしれませんが、ウェブ上の情報もぜひ活用してください。

以下のようなサイトにその機会、情報を得ることができます。

① 各私立小学校のホームページ
② 日本《にほん》私学《しがく》教育《きょういく》研究所《けんきゅうじょ》のホームページ
③ 日本《にほん》私立《しりつ》小学校《しょうがっこう》連合会《れんごうかい》のホームページ
④ 右記のほか、民間の教員募集《ぼしゅう》告知サイトが複数あるようです。

小学校教諭の給与

自治体により異なる給与 出産や育児も仕事にプラスに

民間給与《きゅうよ》とのへだたりを是正《ぜせい》

歴史的には教諭の給与《きゅうよ》、とりわけ義務教育であった小学校教諭の給与《きゅうよ》は一般《いっぱん》公務員に比べても恵《めぐ》まれたものではありませんでした。民間企業《きぎょう》の給料とは相当にへだたりがありました。ですから1960年代の高度経済成長期、多くの人材が民間企業《きぎょう》に流出していきました。その傾向《けいこう》に歯止めをかけ、教育界に人材を確保するため、1974年に「人材確保法」が制定されました。これによって教諭の給与《きゅうよ》を一般《いっぱん》公務員給与《きゅうよ》より優位にするための財政措置《そち》が計画的に実施《じっし》されることになりました。

自治体によって異なる手当

小学校教諭の給与《きゅうよ》は自治体によって異なります。各自治体は人事院勧告に沿って作成した給与表《きゅうよひょう》（図表4）を条例として定めていて、これに基づいて給与《きゅうよ》が支払われます。給与表《きゅうよひょう》にある「号俸《ごうほう》」とは、職階に応じて支給される給与《きゅうよ》額を段階的に示したものです。号俸の数字が上がると給与《きゅうよ》額が上がります。

そのほかに通勤手当、扶養《ふよう》手当、住居手当などの手当が支給されます。手当も同一の基準で支給されますが、地域手当は自治体によって異なることになります。本来、物価の高い、生活コストのかかる都市居住者への調整分として支給されたものだったからです。東京都特別区では18％ですが、広島《ひろしま》県（広島市・府中《ふちゅう》町は6％）では3％となっています。また、社会人経験者の新採用の教員の最初の号俸《ごうほう》をどこにするのかも都道府県によって異なります。なお、6月と12月にボーナスが支給されます。合わせて、月額給与《きゅうよ》の4・45倍が支給されます。

教諭の残業手当は一律

教諭の給与《きゅうよ》は給料と教職調整額と手当からなっています。

図表4　小学校教諭の給与

号俸	月額
17	210,800
21	217,500
25	224,700
29	232,500
33	243,200
37	253,800
41	263,600
45	272,500
49	281,100
53	288,600
57	297,700
61	307,200
65	316,300
69	324,200
73	332,500
77	340,700
81	347,900
85	354,100
89	360,000
93	365,600
97	370,400
101	374,300
105	378,100
109	381,700
113	385,300
117	388,800
121	391,700
125	394,500
129	397,000
133	398,900
137	400,100
141	401,300
145	402,400
149	403,400
153	404,400
157	405,400
161	406,400

（さいたま市の条例。2級＝教諭。2020年4月現在）

基本給に当たる給料は国家公務員の給料表との関係を基本にして作成されるモデル給料表に従って定められます。

大学卒の場合は一般的《いっぱんてき》には17号俸《ごうほう》から出発します。もちろん教職に就くまでにほかの職業を経験している場合はそれが考慮《こうりょ》され、より上位の号俸《ごうほう》から出発することになります。以後1年ごとに標準的には4号俸《ごうほう》ずつアップしていきます。

教職調整額とは、教諭の勤務の特殊性《とくしゅせい》に対応して設けられたものです。民間企業《きぎょう》、一般《いっぱん》公務員の場合は正規の勤務時間外の超過《ちょうか》勤務（残業）には時間数に応じて手当が支給されます。しかし教諭の場合、超過《ちょうか》勤務時間を特定するのがきわめて困難です。そこで一律に給料の4％がそれに対応するものとして支給されることになったのです。

働きやすい職場環境《かんきょう》

ところで小学校は女性の職場とも呼ばれるほど、女性教諭が過半数を占《し》めています。それは女性の特性が活かしやすい仕事でもあるからでしょう。しかしそれとともに、女性にとって働きやすい環境《かんきょう》が整えられていることも大きな要因となっています。

給与《きゅうよ》体系は完全に男女同一です。近年では、校長・教頭など女性の管理職も多くなっています。また、出産や育児がキャリア形成の点でマイナスになることはありません。女性にとって性別を意識することなく生涯《しょうがい》の職務としてライフコースを設計できるのも教員の大きな魅力《みりょく》です。

産前産後休暇、育児休業も法的に定められているだけでなく、取得しやすいことも教諭の特徴《とくちょう》といえます。産前産後休暇は、出産前の6～8週間、産後8週間取得できますが、その間は産休補助教員が職務を代行します。また、育児休業も最大限、子どもが3歳《さい》になるまで取得することができます。男性の取得も可能で、1学期間、1年間と長期で取得する人も増えています。その間は給与《きゅうよ》の代わりに育児休業給付金として給与《きゅうよ》の約50％が共《きょう》済《さい》組合から支給されることになっています（育児休業開始から180日に達するまでの間は67％支給）。学級担任をしていても代わりの教諭が担当しますし、同一条件での復職も保証されています。教諭にとって出産育児の経験は、専門性の向上に結びつくものですし、その環境《かんきょう》が充実《じゅうじつ》していることは小学校教育にとってもプラスになります。

夏休みなども勤務

もしかしたら、小学校教諭には長い夏休みがあるからいいなと思っているかもしれません。子どもにとっては夏休みは休業日ですが、教諭にとっては休日ではないのです。都道府県によって異なりますが、いわゆる教諭の夏休みとして認められているのは5日間程度です。ただし、土日を挟《はさ》んだり、年次休暇《きゅうか》を組み合わせて、実家に帰省したり、小旅行をすることは可能です。あとは通常の勤務となります。ただ教諭には研修の権利が認められていますので、校長の許可を得て、特別に学校での用務がない時には自宅研修とすることができます。

なお、教諭の転勤は、一般的《いっぱんてき》には同一校勤務が10年以下という原則で行われます。ただし、初任者の多くは3~5年程度で転任します。転勤は本人の希望と、全体の教員配置を考慮《こうりょ》して決定されます。

3章

なるにはコース

心構え

厳しさと寛容さと学ぶ喜び、創造の喜びを

どの子も好きになれるかどうか

なぜ、小学校教諭《きょうゆ》になりたいのでしょうか。「安定した仕事だから」と、実利的理由を考えている人も多いことでしょう。しかし、1章のインタビューでもわかるように、現実はそんなに甘くはありません。ほかからの強制によってではなく、限りなく自己研修を続けなければならないのです。そのことは、逆に限りなく手を抜《ぬ》くことが可能だということを意味しています。しかし、それでは教諭の喜びを味わうことはできません。何よりもそうした教諭に教わる子どもたちこそ気の毒です。

小学校教諭の仕事は、何よりも自律性が求められます。自己への厳しさを要求されるのです。しかし、誰《だれ》もが最初からそうした姿勢をもっているわけではありません。学習やさ

まざまな経験を通して、それを可能にするエネルギー源を発見するのです。

そのひとつは「子どもが好き」ということでしょう。小学校教諭をめざす理由に、この点をあげる人も多いでしょう。子どもが好きだから、小学校教諭はみずからを厳しく律していけるのです。それが小学校教諭への出発点になるのです。しかし、ほんとうに子どもが好きなのか？ もう一度問い返しておく必要があるようです。

「好きな子ども」と「子どもが好き」とは、天と地ほども違《ちが》うのです。純真で素直で大人の言うことをよく聞く、そんな子どもなら誰《だれ》しも好きになるでしょう。しかし、人間としての子どもは、うそもつけば、反抗もし、気に入らなければ泣き叫《さけ》ぶのです。決して、現実は教諭の思い描《えが》くような、期待しているような子どもではないのです。子どもが好きというのは、それらすべてを含《ふく》めて子どもの存在を受け入れられることをいうのです。「どの子も好き」、これは言うは易《やす》く、行うは難《かた》しなのです。

時に教諭は小さな支配者になる可能性をもっています。子どもを教諭の思いのままに扱《あつか》うことに快感をおぼえてしまうことがあるのです。もし、子どもが好きというなかに、そうした弱点があるとしたら、その人こそ教諭としていちばんふさわしくないといえるでしょう。子どもは複雑な存在であるがために興味をもつことができる。これが教諭への心構えへの第一歩です。それはこう言い換《か》えることができます。その子どもに必要なことを厳しく要求できること。同時に、その子どもを丸ごと受け止める寛容《かんよう》さを身につけることです。厳しく要求できる強さと、すべてを受け止められる優しさという、言葉の上では矛盾する二つのベクトルを、一人の人間として体現できるかという課題です。この課題を追究すること、これが第一歩といえます。

学び、創造する喜びを

解けなかった問題を巧《たく》みに教えてくれた先生、悩《なや》みごとに適切なアドバイスをしてくれた先生など、すばらしい教諭との出会いが、教諭をめざさせることになることもあるでしょう。教えること（学ぶこと）のすばらしさを経験していることは、大事なことです。心構えへの第二歩は、教える喜び、学ぶ喜びを

みんなで合奏練習。力を合わせて楽しみながら

古賀有史さん提供

どこかで感動的に経験することです。

学ぶ喜び、創造の喜びをみずから知ること、それは難しく、苦しい努力が不可欠です。しかし、それなくして教える喜び、教諭としての喜びを味わうことはないでしょう。小学校教諭になるには、どんな子どもも好きであること、みずから学び、創造する喜びを経験し続けること、この二つの課題への挑戦《ちょうせん》が必要な条件になるのです。大学（短大）で、教諭になるための資格をとるということは、この課題に関して最低限必要なことを学ぶということを意味しているのです。

（森《もり》川《かわ》輝《てる》紀《みち》）

教育の理論と実践の往還をめざして

幅《はば》広《ひろ》い教養と教科の専門性

第二次世界大戦前までは、各県に設置された師範《しはん》学校を卒業して小学校教諭になるのが基本でした。そこでは、決められた教科書を効果的に教える技術と、国の方針に従順に従い、子どもの手本となるために尊敬される「正しい」人物であることが求められました。教員養成は、学問研究の場である大学で行う必要はありませんでした。

しかし、第二次世界大戦後は、教師は民主主義社会を実現する指導者として位置づけられるようになりました。自分の頭で判断し行動する国民を育てるためには、教師自身がみずから考え行動できるようにならなければなりません。そこで学問研究の場である大学で教員を養成するという「大学における教員養成」という原則を新たに立て、一般《いっぱん》教養と教育学を柱とする教員養成課程がスタートしました。

教員免許《めんきょ》を取得するために必要な科目や単位数は、教育職員免許《めんきょ》法及《およ》び同法施行《しこう》規則で定められています。これらを満たした大学・学部だけが、文部科学《もんぶかがく》省から認定され、教員養成課程を名乗ることができます。小学校教諭になるには、小学校教員養成課程に入学・卒業するのがもっとも近道です。ただし、大学・学部選びは注意が必要です。学部の名称《めいしょう》が「教育学部」であっても、教員養成課程ではない学部もありますし、反対に「教育文化学部」「教育人間科学部」など「教育学部」でなくても、教員養成課程の学部もあるからです。また、大学によって、幼稚園《ようちえん》、小学校、中学校、特別支援《しえん》学校など取得したい免許《めんきょ》に対応した教職課程もさまざまです。近年では私立大学で小学校教員養成課程を設置しているところもたくさんありますので、大学のホームページなどで調べるとよいでしょう。なお、教員免許《めんきょ》状は、大学ではなく、各都道府県の教育委員会が授与《じゅよ》することになっています。

また、小学校には、音楽や図画工作等、特定の教科だけを担当する、いわゆる専科教諭もいますが、基本は全教科を担当し、学級担任となります。ただし、外国語活動・外国語科の設置や義務教育学校（小学校・中学校の計9年間の教育をひとつの学校で行う）の新設にともない、特に小学校高学年での教科の高い専門性が求められる傾向《けいこう》があります。全教科にわたる幅広《はばひろ》い知識や技術とともに、得意分野・専門分野をもつことも求められているといってよいでしょう。

通信教育による免許《めんきょ》取得

大学には通学制の学部とともに通信制の学部もあります。社会人に正規の大学教育の機会を与《あた》えるための制度で、自宅での学習が中心になります。

教材は大学から送られてきます。教材に基づくレポート課題についてレポートを作成して送り、添削《てんさく》指導を受けます。夏休みや土・日曜日にはスクーリングとよばれる面接授業で、担当教員から直接指導を受けます。そして科目修了《しゅうりょう》試験に合格すると、単位が認定されます。こうして4年間で定められた単位を修得し、卒業研究にパスすると、学士の称号《しょうごう》が与《あた》えられます。通信教育部をもち、かつ小学校教員免許《めんきょ》状（一種）を出すことができるのは、以下の大学です。

東京福祉《とうきょうふくし》大学、聖徳《せいとく》大学、玉川《たまがわ》大学、創価《そうか》大学、東京未来《とうきょうみらい》大学、武蔵野《むさしの》大学、明星《めいせい》大学、星槎《せいさ》大学、佛教《ぶっきょう》大学、大阪芸術《おおさかげいじゅつ》大学、神戸親和女子《こうべしんわじょし》大学、姫路《ひめじ》大学、環太平《かんたいへい》洋《よう》大学、吉備国際《きびこくさい》大学

高校卒業後、働きながらでも教員免許《めんきょ》を取得する道があるわけです。また大学卒業後小学校教員免許《めんきょ》をとりたい場合は、3年次に編入するか、不足する科目のみを聴講《ちょうこう》する科

目等履修《りしゅう》生になれば取得できます。

このほかに小学校教員資格認定試験もあります。「広く一般《いっぱん》社会に人材を求め、教員の確保を図」り、「教員への道を開くために」行われるもので、文部科学省が毎年開催《かいさい》しています。受験資格は、高等学校卒業・20歳《さい》以上となっており、広く門戸が開かれていますが、試験科目も多く、水準も高い内容となっています。

教職科目

小学校教員免許《めんきょ》取得に必要な科目は、教育職員免許《めんきょ》法及《およ》び同法施行《しこう》規則によって、120ページ図表5のように定められています。「教科及《およ》び教科の指導法に関する科目」と「教育の基礎《きそ》的《てき》理解に関する科目」「道徳、総合的な学習の時間等の指導法及《およ》び生徒指導、教育相談等に関する科目」「教育実践《じっせん》に関する科目」などから構成され、各教科や道徳、総合的な学習の時間等、すべての教科・領域における授業の実践《じっせん》力の向上に重点が置かれる傾《けい》向《こう》が認められます。

具体的な授業科目名は各大学で異なっていますが、一種免許《めんきょ》であれば59単位、二種免許《めんきょ》であれば37単位を4年間のうちに履修《りしゅう》していきます。「教育の基礎《きそ》的《てき》理解に関する科目」は1～2学年に、「教科及《およ》び教科の指導法に関する科目」と「道徳、総合的な学習の時間

図表5 **教職課程の科目等一覧**

	各科目に含めることが必要な事項	専修	一種	二種
教科及び教科の指導法に関する科目	イ　教科に関する専門的事項※「外国語」を追加。 ロ　各教科の指導法（情報機器及び教材の活用を含む。）（各教科それぞれ１単位以上修得） ※「外国語の指導法」を追加。	30	30	16
教育の基礎的理解に関する科目	イ　教育の理念並びに教育に関する歴史及び思想 ロ　教職の意義及び教員の役割・職務内容（チーム学校運営への対応を含む。） ハ　教育に関する社会的、制度的又は経営的事項（学校と地域との連携及び学校安全への対応を含む。） ニ　幼児、児童及び生徒の心身の発達及び学習の過程 ホ　特別の支援を必要とする幼児、児童及び生徒に対する理解（１単位以上修得） ヘ　教育課程の意義及び編成の方法（カリキュラム・マネジメントを含む。）	10	10	6
道徳、総合的な学習の時間等の指導法及び生徒指導、教育相談等に関する科目	イ　道徳の理論及び指導法（専修・一種：２単位、二種：１単位） ロ　総合的な学習の時間の指導法 ハ　特別活動の指導法 ニ　教育方法及び技術（情報機器及び教材の活用を含む。） ホ　生徒指導の理論及び方法 ヘ　教育相談（カウンセリングに関する基礎的な知識を含む。）の理論及び方法 ト　進路指導及びキャリア教育の理論及び方法	10	10	6
教育実践に関する科目	イ　教育実習（学校体験活動を２単位まで含むことができる。）（5単位） ロ　教職実践演習（２単位）	7	7	7
大学が独自に設定する科目		26	2	2
		83	59	37

※「教科及び教科の指導法に関する科目」、「教育の基礎的理解に関する科目」、「道徳、総合的な学習の時間等の指導法及び生徒指導、教育相談等に関する科目」においては、アクティブ・ラーニングの視点等を取り入れること。

等の指導法及《およ》び生徒指導、教育相談等に関する科目」は、多くは、2～3学年に設定されています。「教育実践《じっせん》に関する科目」は3学年に設定されることの多い教育実習と、4学年の後期に設定されている教職実践《じっせん》演習からなっています。

学問分野から説明すると、これらの科目は、主として教育学と心理学に裏づけられています。ですから、教育学と心理学という学問体系を学ぶと言い換《か》えることができます。

教育学では、「教育とは何か」という出発点にして終着点でもあるこのテーマを追究することになります。哲学《てつがく》的、歴史的、制度的なさまざまな角度から考えることになります。具体的には、すぐれた教育者の実践《じっせん》（授業）がビデオで紹介《しょうかい》され、それを素材に教育方法とはどうあるべきかなどが講義されることもあるでしょう。あるいは、古代からの哲学《てつがく》者、教育学者の思想に関して講義が行われるかもしれません。ルソーの『エミール』を、あるいはペスタロッチの本を読みながら、「教師とは」「学校とは」などの問いを追究し、それらはどうあるべきかについて研究することがあるかもしれません。

心理学では、子どもの発達の仕組みや発達段階の特性について学ぶことになります。教育学が、制度的、人間学的に教育を考えるのに対して、心理学では子どもの発達の特性をより内面的、精神的側面から学ぶことになります。科学的なデータや実験結果に基づきながら、どのような教え方が子どもの意欲を引き出せるのか、思考の深化をうながすことができるのか、あるいはいじめや不登校の子どもの心やカウンセリングの技術を学んでいきます。

教科の指導法「コーチ学」

授業の力量向上を図るための科目として教科の指導法があります。野球の世界を例にとっても、名選手が必ずしも監督《かんとく》として成功するとは限りません。逆に選手としてめだたなくても、コーチ・監督《かんとく》として成功している場合が多くあります。「教科に関する専門的事項《じこう》」が、いわば野球選手としての技術の向上にかかわるとすれば、「教科の指導法」は、コーチ学に相当するものです。

名選手が獲得《かくとく》している高い水準の技術をそのまま後輩《こうはい》選手に要求しても、相手は消化不良を起こしてしまうでしょう。相手の技術水準、精神面・心理面をよく理解して、適切なアドバイスをしないかぎり、教えることはかえってマイナスになってしまうでしょう。どうしてこんな簡単なことができないのか、相手に能力がないのではないかと思うようになっては、双方《そうほう》にとって最悪です。

算数でも、国語でも、ほかの教科でも、その専門にかかわってすぐれた力量をもっていることは教諭として必要なことです。しかし、その力量があれば、すなわちすぐれた教諭だということにはなりません。いわばコーチ学が必要になります。教科の指導法は、その中核《ちゅうかく》をなすことになります。子どもたちに必要な知識・技術を教えるためには、教科専門の力量を基礎《きそ》にして、子どもに合うように料理して提供しなければなりません。生のままでは受けつけないでしょう。こうした教材化の力量が大事になります。教科の指導法では、そうした教材作成や具体的な指導方法について学ぶことになります。

教諭への分水嶺《ぶんすいれい》「教育実習」

みなさんの教室にも教育実習生（教生）を迎《むか》えたことがあるのではないでしょうか。きっと、緊張《きんちょう》したようすで懸命《けんめい》に授業を行っていたことでしょう。お別れ会で見せた実習生

の涙《なみだ》は本気で実習に打ち込んだ証しです。この教育実習の経験であらためて教諭になる決意を固めたという学生も多くいます。

小学校教諭になるには、5単位の教育実習を受けなければなりません。実習ですから、小学校に出かけて、実際に教壇《きょうだん》に立つことになります。この期間は、仮免許《かりめんきょ》の教諭として過ごすことになります。教育実習は、大学4年で一括《いっかつ》して実習を行う場合と、3年と4年に分割して行う場合があります。4週間の実習が基本となります。

戦前、教育実習は、教諭になるための最後の仕上げの場と考えられていました。しかし、現在は、分割実施《じっし》の例に見られるように、教諭になるための学習活動の一環《いっかん》と考えられています。大学で学んだことを実践的《じっせんてき》に試みることになります。子どもや学校教育の実際に接することによって、自己の学びの課題を発見したり、学習意欲を高める場でもあるのです。教諭の仕事は、この理論と実践《じっせん》の限りない往還《おうかん》の中にあります。

ここはこんな方法で教えたり、指導したらいいだろうと、教壇《きょうだん》に立つ前には必ず準備をします。しかし、それはあくまで仮説であって、実際の子どもたちにぶつけた時、常に予想通りに展開するとはかぎりません。そこでまた、つぎなる仮説を考えることになります。理論と実践《じっせん》（仮説と実験）のズレを子どもを介《かい》して学ぶ場が教育実習でもあるのです。実習を経て、ますます教諭への情熱を高める学生もいます。逆に、自己の想像していた教諭像と実際とのズレを痛感し、あるいはほんとうに子どもが好きなのか、その点に自信をなくして、教諭をあきらめる学生もでてきます。あるいは、企業《きぎょう》や公務員をめざしていたのに、教諭の仕事に感動し、一転して教諭をめざす学生もでてきます。研究の課題を発見して、研究者を志す学生もいます。実習で、生身の自己を子どもの前にさらすことによって、彼《かれ》らはあらためて小学校教諭になるべきか否かを問い直すことになるのです。その意味で、教育実習は、教諭への分水嶺《ぶんすいれい》なのです。

現在、教育現場では、大学卒業時に教科指導・児童の指導に支障をきたさない「実践的《じっせんてき》指導力」の養成が求められています。大学の授業も教育実習を中核《ちゅうかく》にして、実践的《じっせんてき》な力量形成に力を入れています。たとえば、教育実習に備えて、1、2年次で小学校に出かけ学校教育の一端《いったん》にたずさわる学校体験学習の実施《じっし》、あるいは教育実習後インターンシップ事業（県・市の教育委員会との連携《れんけい》事業）として、アシスタントティーチャーとなり授業に参加することなどが行われています。また、大学教員も小学校教諭の経験者が採用されることが多くなりました。

この「実践的《じっせんてき》指導力」養成にかかわって、自治体も力を入れるところが多くなっています。たとえば、東京都の東京《とうきょう》教師《きょうし》養成塾《ようせいじゅく》、千葉《ちば》県の教師未来塾《きょうしみらいじゅく》、埼玉《さいたま》県の埼玉《さいたま》教員《きょういん》養《よう》成《せい》セミナーなど、大学生を対象に教師塾《じゅく》を設けている自治体もあります。教員免許《めんきょ》取得予定の３～４年生を対象に、１年間の特別教育実習を中心に「授業力」と教諭の使命感の養成をめざしています。この教師塾《じゅく》（あるいは教員養成セミナー）の卒業生には、採用試験のさいに一次試験の免除《めんじょ》等、優遇《ゆうぐう》されるところもあります。

　この他、社会連帯に関する認識を深めるために、小学校・中学校の普通免許《ふつうめんきょ》の取得には、障害者、高齢《こうれい》者に対する介護《かいご》体験（実習）が課されることになっています。

教員免許《めんきょ》の種類

　戦後の教員免許《めんきょ》の仕組みは、１９４９年成立の教育職員免許《めんきょ》法（教免《きょうめん》法）によって定められました。現在、免許《めんきょ》状は、①普通免許《ふつうめんきょ》状（一種＝大学卒業程度、二種＝短大卒業程度、専修＝大学院修士課程修了《しゅうりょう》程度。有効期間はいずれも10年）、②特別免許《めんきょ》状（有効期間10年）、③臨時免許《めんきょ》状（有効期間3年）の３種類となりました。特別免許《めんきょ》状は「教員免許《めんきょ》状を持っていないが優れた知識経験等を有する社会人等を教員として迎《むか》え入れることにより、学校教育の多様化への対応や、その活性化を図る」という趣旨《しゅし》から授与《じゅよ》されるもので、各教育委員会の推薦《すいせん》や教育職員検定の合格を条件としています。臨時免許《めんきょ》状は、普《ふ》通免許《つうめんきょ》状所有者を採用できない場合、都道府県が3年間に限り授与《じゅよ》するものです。また、一種から専修免許《めんきょ》状への上進については、３年間の現職経験を基礎《きそ》資格に、必要な単位を取得しなければなりませんが、教職大学院、あるいは教育学部（大学）に設置されている修士課程では、現職教員を受け入れており、そこに進めば、専修免許《めんきょ》状を取得することができます。

子どもに対して同等の責任を負う教諭にとって、学歴による免許《めんきょ》の3本立ては、ふさわしくないのではないかとの意見も幅広《はばひろ》くあります。今のところ、免許《めんきょ》の種類によって給《きゅう》与《よ》や管理職（教頭・校長）への任用にあたって、差をつけないことになっています。しかし、将来的には、免許《めんきょ》の種類によって給与《きゅうよ》も、管理職への任用方法も異なったものになるかもしれません。

なお、教員免許《めんきょ》は取得後、10年ごとに更新《こうしん》しなければなりません。大学で開催《かいさい》される「最新の知識技能を身につけるため」の30時間以上の更新《こうしん》講習を、受講して更新《こうしん》されます。したがって、大学卒業後から定年退職（60歳《さい》）までに3回受講することになります。

（山田恵吾《やまだけいご》）

各都道府県で行われる教員採用選考試験について

教員採用選考試験とは

小学校教諭になるには、毎年6月から7月にかけて、各都道府県・政令指定都市（以下特に断りのない場合以外は「県市」）で行われる「公立学校教員採用選考試験」（以下「採用試験」）に合格しなければなりません（教育公務員特例法第11条「採用及《およ》び昇任《しょうにん》」）。採用試験は、競争試験ではなく「選考」試験であり、選考を行うのは教育委員会の教育長であり、採用（任命）するのは教育委員会です。

1次試験、2次試験（少ないが3次もあり）と2回の試験で行われ、試験は一般《いっぱん》教養、教職教養、専門教養、面接（個人、集団）、集団討論、模擬《もぎ》授業、場面指導、実技などを、各都道府県が1次、2次試験でそれぞれ適宜《てきぎ》組み合わせて行われます。

以下は、文部科学省が毎年調査を行い公表している資料「令和元年度（平成30年度実施《じっし》）公立学校教員採用選考試験の実施《じっし》状況《じょうきょう》」に基づき紹介《しょうかい》します。採用試験の問題については各県市のホームページを参考にして紹介《しょうかい》します。

年齢《ねんれい》制限と受験資格

採用試験の受験年齢《ねんれい》は多様であり、一部、試験の免除《めんじょ》や特別な方法での選考もあります。受験年齢《ねんれい》については、県市によって、また校種によっても違《ちが》う場合がありますが、現在では、採用試験実施《じっし》の県市全体の6割以上で年齢《ねんれい》制限は設けられていません。35歳《さい》未満に設定している県市はひとつもなく、3割程度の県市が41〜50歳《さい》という制限枠《わく》を設けています。教育現場に豊かな社会経験を有する多様な人材の確保をめざすためにも、年齢《ねんれい》制限をあえて設けていないということでしょう。

一定の要件、すなわち教職経験者（常勤、非常勤講師を含《ふく》む）や国際貢献《こうけん》活動経験、民間企業《きぎょう》勤務の経験などがある場合には、年齢《ねんれい》制限の緩和《かんわ》がされている場合も少なくありません。

採用試験の受験資格は、大学または短期大学（一部専攻《せんこう》科）で、小学校の一種または二種の教員免許《めんきょ》状あるいは取得見込《みこ》みが受験資格となります。英語の資格取得者（英検、T

OEIC、TOEFLなどで一定成績以上）や、スポーツ・芸術の技能や実績、国際貢献《こうけん》活動の経験、民間企業《きぎょう》などでの勤務経験や教職経験などがある人に対しては、一部試験の免除《めんじょ》や加点などが、障害のある人には特別な方法での選考も行われています。

採用試験に合格しても、大学院への進学予定を決めて採用を辞退した場合などには、採用候補者名簿《めいぼ》登載《とうさい》期間の延長や次年度以降の受験時に、一部試験の免除《めんじょ》や特別な選考など特例的な措置《そち》を講じている県市も多くあります（全国の59県市）。

いわゆる「教師養成塾《じゅく》」生（たとえば「東京教師養成塾」「かながわティーチャーズカレッジ」「大阪市教師養成講座」など）を対象とした特別の選考では、一般《いっぱん》教養や教職教養などの一部試験の免除《めんじょ》も行われています（5県市）。そのほか、教員免許《めんきょ》状の複数所持による「加点」を主とした特別な選考（全国の30県市）、外国語や、理科、算数などの特定の教科を対象とした特別な選考も行われています（外国語―東京都、宮城《みやぎ》県、秋田《あきた》県、奈良《なら》県など、理科―東京都、茨城《いばらき》県、岡山《おかやま》県、佐賀《さが》県など）。

試験内容

採用試験で行われる筆記試験の内容は、一般《いっぱん》教養と教職教養、専門教養試験及《およ》び小論文・作文。ほかに面接や実技試験となっています。

一般《いっぱん》教養試験

一般《いっぱん》教養は、中学校及《およ》び高等学校の教科書に書かれている内容程度というのが一般的《いっぱんてき》ですが、教職教養とあわせて行う自治体も多く、廃止《はいし》した自治体も20ほどあります（東京都、千葉県、大阪府など）。

元号「令和」の由来となった『古事記《こじき》』からの出題や、小惑星「Ryugu」着陸時の探索《たんさく》機の名前や、新一万円札の肖像《しょうぞう》となる人物の名を問う（山梨《やまなし》県、２０１９年）といった問題も出題されていますので、日頃《ひごろ》からニュースや新聞に目を通しておくことが大切です。

教職教養試験

大学の教職に関する科目にかかわる各分野の内容で、教諭として必要な資質・能力などを的確に把握《はあく》することのできる基礎的《きそてき》・基本

的な問題が出題されます。

特に教育法規に関する出題は必須《ひっす》で、「日本国憲法（憲法第1条から26条程度まで）」、「教育基本法」（全条文）、「学校教育法」（小学校の箇所《かしょ》を中心に）や「学校教育法施行《しこう》規則」は言うまでもなく、「教育公務員特例法」や「地方公務員法」、その他「学校保健安全法」や「食育基本法」などもよく出題されます。法律ではありませんが、児童生徒理解の基本について書かれた『生徒指導提要』（文部科学省、２０１０年）も目を通しておくべき資料のひとつです（大阪府、広島県、２０１８年）。

教育史の出題もほとんどの県市で出題されています。著名な教育者の業績や著書、設立学校名、初代文部大臣の学校令改革、藩校《はんこう》や私塾《しじゅく》名と設立者などは頻出事項《ひんしゅつじこう》です。

教育心理学の分野では「発達理論や学習理論の内容（と提唱者）」、「性格判定テストの種類（と考案者）」、「学級活動における学習方法の違《ちが》い」、「教育相談の意義と方法」に関する問題がよく出されています。

教職教養問題には、自治体が求める教師像や人間像、教育テーマ（山形《やまがた》県教員『指標』、かながわ教育ビジョン等）、国や自治体の教育政策（文部省や中央教育審議《しんぎ》会など各審議《しんぎ》会の答申や報告・通知、自治体発行の教育関係配布物）などに目を通しておくことが大切です。

専門教養試験

教科等に関する『学習指導要領』に係る基礎的《きそてき》・基本的な内容について多く出題されますが、小学校では、一人の教諭が各教科及《およ》び活動の指導が可能であることを前提にしているので、それぞれについて学年ごとの指導内容が書かれている『学習指導要領』の「総則」、「学年の目標及《およ》び内容」「年間指導計画の作成と内容の扱《あつか》い」からの出題が中心です。国語の漢字や、算数・理科の高学年用の問題などを実際に解答させるという出題も少なくありません。

広島県の図画工作では、「ソフトバレーボールの試合で相手コートに力強くアタックしているようすを鉛筆《えんぴつ》で描《えが》く」、というような問題が出されています（専門教養、２０１８年）。

小論文・作文

小論文・作文は、おおよそ90分で提示された課題について６００〜８００字以内でまとめるというものです。全国48県市で実施《じっし》されています。

非常にオーソドックスな「めざす教師像」「つくりたい学級像」「いじめの防止や対応」「不登校の防止や対応」などから、たとえば青森《あおもり》県では、「教員として、自身の『人間力』の向上にどう取り組むか、めざす教師像にふれながら具体的に記述する」（２０１９年）といった内容で出題されています。また、神奈川県では、「共生社会の実現へ向けて、すべての子どもができるだけ共に学び、共に育つインクルーシブ教育を推進していることについて、あなたの考えを述べなさい。また、そのことを踏《ふ》まえ、あなたは教師としてどのように取り組みますか。あなたの考えを述べなさい」（６００〜８２５字以下）という課題もあります。

小論文・作文では、規定の文字数、文章の構成やわかりやすさ、表記の正確さなどが求められ、考えの独創性や論旨《ろんし》の首尾一貫性、結論の合理性などが評価の観点となります。

筆記試験の問題は、すべての県市で公開されていますが、ウェブ公開（青森、山梨、長《なが》崎《さき》県など）と教育委員会などでの閲覧《えつらん》による公開（北海道《ほっかいどう》、神奈川県、兵庫《ひょうご》県など）の二通りがあります。自分が受験する県市の教育

委員会のホームページでよく確認しておくとよいでしょう。

実技試験

小学校教諭の受験者に対しては、現在55の県市で実技試験が課されていますが、東京都や埼玉県、神奈川県、愛知《あいち》県、さいたま市など10の自治体では実技試験が実施《じっし》されていません。会場の確保や諸準備、判定などの難しさから実施《じっし》を見送っているためだと思われます。

実技試験は、体育や外国語では1次試験で行っている県市もありますが、2次試験で課されることが多く、主なものとしてはつぎの三つになります。

①「音楽」(オルガン演奏・ピアノ演奏、オルガン・ピアノによる弾き歌い、歌唱など)
②「体育」(水泳、マット運動、鉄棒、ダンス、ボール運動、ラジオ体操など)
③「外国語」(基礎的《きそてき》なリスニング能力、英語による自己紹介《しょうかい》、簡単な挨拶《あいさつ》・会話など)

音楽では、自治体によっては事前に曲が指定されることもありますが、複数の課題曲が提示され、そのなかから当日歌う・演奏するというのが多いようです(「たきび」「こいのぼり」「ふるさと」「冬げしき」など)。小学校の音楽の場合は、演奏、歌唱いずれも「基本をきちんと押《お》さえている」かがポイントです。

体育の水泳は、泳法は自由で25メートルを泳ぐというのが一般的《いっぱんてき》です。正しい泳法で泳げているかどうかであり、タイムを競うわけではありません。マット運動などでは、転がる時の姿勢や手足の位置、体の動かし方、ていねいな演技などが大切です（前転・後転、開脚《かいきゃく》前転など）。水泳も器械運動も、児童を前に見本として正しく演技するにふさわしい動きかどうかが評価のポイントになります。

面接試験

面接試験は、個人面接に集団面接、集団討論、集団活動・グループワークなど多彩《たさい》な内容となっています。面接機会の複数化や面接時間の十分な確保のために、個人面接や集団面接などを1回ないし2回行っている県市がほとんどです。

「個人面接」は、受験生一人に対して複数の面接官（2～3人）で、15～30分程度で行われます。聞かれる内容は、「当該《とうがい》県の採用試験を受験した理由」「長所は何か。それをどのように教育で活かすか」「どのような教師になりたいか」「教師になったらまず何をしたいか」「担任するクラスでいじめを見つけたらどうするか。また、いじめを起こさないようにするためにはどうすればよいか」など、自己PRや教職を希望する動機・理由、その自治体を希望した理由などをはじめ教育問題などについても聞かれます。ひとつの質問に対して、返答する時間はおおよそ30〜60秒程度、長くても90秒程度を心がけましょう。自然な明るい表情でハッキリと、落ち着いて話すことが基本です。

「集団面接・集団討論」など集団で行う場合は、受験生3〜7名程度に対し、面接官2〜4名程度で行われるのが平均的です。時間は概《おおむ》ね30〜60分程度。返答は多くが挙手ですが、早い者勝ちではありません。面接官に指名されてから答えます。面接は、おおよそ以下のパターンで展開されることが多いようです。

①順番に、受験者の自己紹介《しょうかい》や自己ＰＲをする。

②面接官から質問が投げかけられる。「右の人から順に……」などの指定も。

③最後のＰＲをする（ひと言意見）。

集団での面接ですから、自分の意見を発表する時間の配分、ほかの受験生の意見を聞く姿勢が大切です。返答は出来るだけ簡潔に「結論」のみを言い、理由をつけ加えて語る場合でも30秒程度にまとめましょう。

討論が中心の場合には、自己紹介《しょうかい》などを省き、「基本的な生活習慣を育てるには」「深い学びを実現させるために求められる問題解決的学習を重視した指導にどう取り組むか」（青森県、２０１９年）など、当日ひとつのテーマが提示され、それについて討論します。なかには、「配布された県の統計資料などから県民の満足度や県の魅力《みりょく》」などについて討論する（40分、埼玉県、２０１８年）といった、学校教育とは直接関係のない内容の場合もあります。

討論の場合には、積極性も大切ですが、何よりも「自然体と協調性」と「簡潔な返答」が求められます。

模擬《もぎ》授業、場面指導、指導案作成、適性検査

多様な選考方法の一つとして教員としての実践的《じっせんてき》指導力を適切に評価するために模擬《もぎ》授業や場面指導、指導案作成なども試験内容に加えている県市も少なくありません。

模擬《もぎ》授業は、たとえば「○学年１組の学級担任として、○○の教科で、子どもが表現する場面を取り入れた授業」や「日常生活の指導を想定して、家庭や学級での生活に触《ふ》れ、人の役に立つ手伝いや仕事についての授業」（青森県、２０１９年）を行うというものがあります。

場面指導は、「子どもがけんかをした場合を想定し、けんかの仲裁を行う」や「いじめの現場を目撃《もくげき》した時、いじめている子といじめられている子への指導を行う」というような、ある場面を想定して、受験者の教育観や子ども観、表現力、指導力を探るために行われます。

指導案作成は、模擬《もぎ》授業とあわせて行う場合もありますが、10分程度の授業案を、一定の時間（30分程度）で作成し、その後、実際に自身で実践《じっせん》するというものです。

適性検査は、「ＹＧ性格検査（矢田部《やたべ》ギルフォード性格検査）」や「内田《うちだ》クレペリン（精神作業）検査」が主流で、多くは教諭の精神面の健康度、作業の処理能力や積極性、意欲などを発見するために行われます。

小学校教諭のこれから

現在の需給関係と将来性

需給《じゅきゅう》関係

2022年1月、文部科学省は2021年度の公立学校教員採用選考試験の実施《じっし》状況《じょうきょう》について調査結果を公表しました。

それによると、受験者数、競争率ともに減少し、特に小学校の競争率は2・6倍（前年度比0・1ポイント減）と低迷して、連続で低下しています（141ページ図表6）。採用者数の推移を見ると、過去最低であった2000年の1万1021人以降、ほぼ毎年増加を続けており、近年は1・5万人台で推移しています。これは、1970年代の第二次ベビーブーム（団塊《だんかい》世代ジュニア）に対応するために大量採用された教諭の多くが定年退職の時期を迎《むか》えていたことが影響《えいきょう》しています。しかし、全国平均で見ると、今後数年間はベテラン教諭の定年退職者は、減少傾向《けいこう》が続くと見られます。少子化と定年退職者数の減少から見た場合、しばらくは採用者数も減少していくことになると予想されます（142ページ図表7）。

教諭需要《じゅよう》は、単に児童数の減少や離退職《りたいしょく》者の数という人口要因だけでなく、国や自治体による教諭の配置計画の改革（たとえば35人学級の全学年での導入）や教育困難校への教諭の特別な加配（たとえばTT＝ティームティーチングの推進）などの政策的要因によっても左右されることになります。

現場の小学校教諭は、一人で複数教科の授業準備を行う、昼食時間中に給食指導をする、休み時間中に安全に配慮《はいりょ》するなど、いくつもの準備や指導に追われているのが現状で

図表6 過去10年間の受験者数、採用者数と競争率の推移

年度	受験者数(人)	採用者数(人)	競争率
2012	59,230	13,598	4.4
2013	58,703	13,626	4.3
2014	57,178	13,783	4.1
2015	55,834	14,355	3.9
2016	53,606	14,699	3.6
2017	52,161	15,019	3.5
2018	51,197	15,935	3.2
2019	47,661	17,029	2.8
2020	44,710	16,693	2.7
2021	43,448	16,440	2.6

*「令和3年度(令和2年度実施)公立学校教員採用選考試験の実施状況」(文部科学省、2019)より作成

図表7　採用者数の今後の推移と見通し

年　度	採用者数(人)
2022	15,075
2023	14,076
2024	13,498
2025	12,961
2026	12,622

＊「令和元年度(平成30年度実施)公立学校教員採用選考試験の実施状況」(文部科学省、2019)より作成

す。加えて２０２０年度より本格化された外国語教育やプログラミング教育の必修化など、さらに負担が増えていくことが予想されます。そうした教諭の過重負担の軽減（働き方改革の推進による労働時間の制限）などの政策動向に関連して、採用者数も変化していくかもしれません。

生涯《しょうがい》を通じて専念できる仕事

不安定な世界情勢において多くの企業《きぎょう》活動が生存競争を強いられるなかにあっても、定年まで安定した雇用のもとで理想とする職務をめざし、専念できる大きな魅力《みりょく》が教諭という職業にはあります。時代が情報にあふれ変動しつづけようとも、生涯《しょうがい》子どもたちに自立と連帯を教え、ともに未来を見つめるのが教諭という仕事なのです。

（竹内敏晴《たけうちとしはる》）

フローチャート　小学校教諭

高　等　学　校

↓

認定課程を有する
短期大学　4年制大学　大学院

↓

小学校教諭免許状取得（専修・1種・2種）

↓

教員採用試験

↓

小学校教諭として活躍

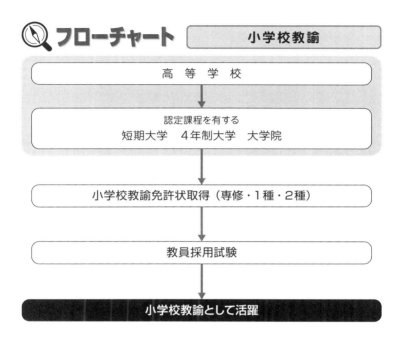

なるにはブックガイド

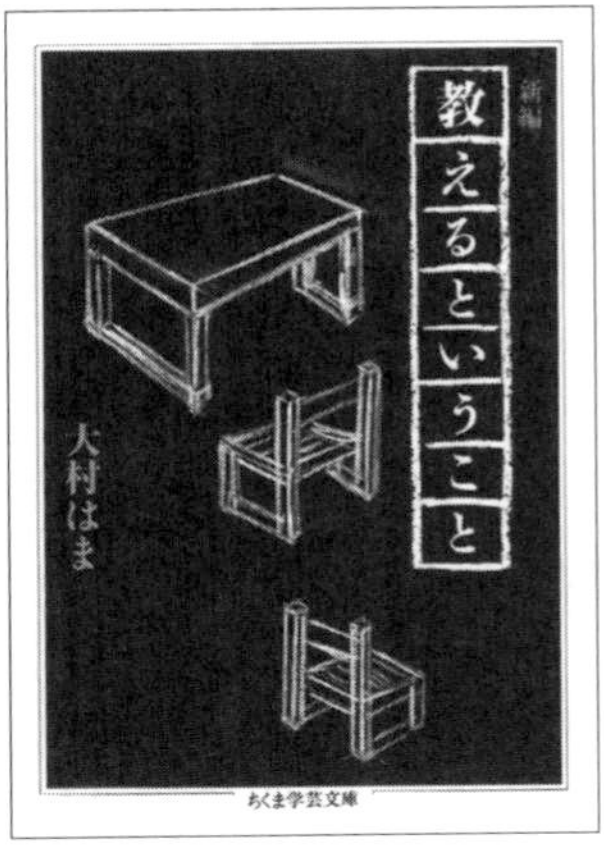

『新編 教えるということ』
大村はま著
ちくま学芸文庫

教師という仕事のおもしろさと厳しさを伝える一冊。大村はまは、国語教諭として、教育に生涯を捧げた女性だ。その豊かな経験に基づく教育論・教師論は、若い教諭のみならず、ベテラン教諭にも有益だ。

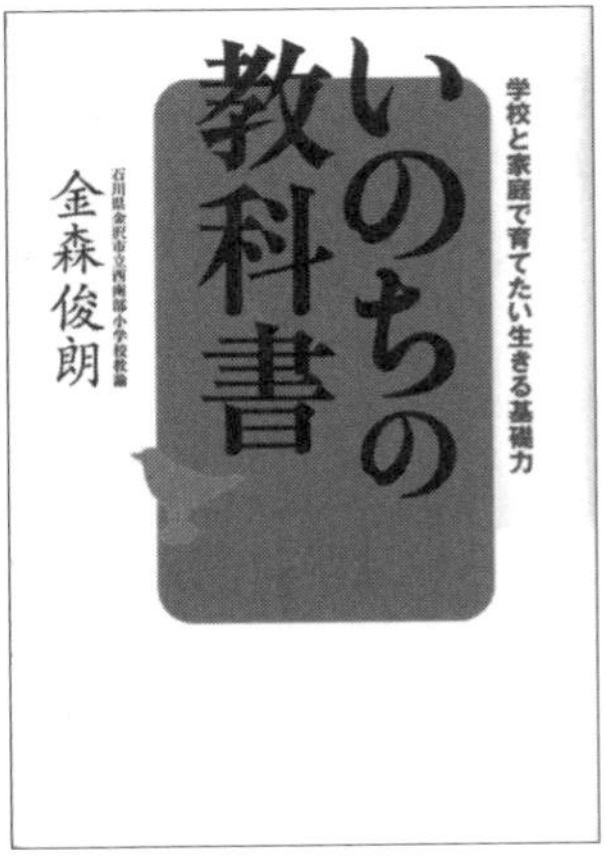

『いのちの教科書』
金森俊朗著
角川書店

人と人とが「つながる」ことに「命の教育」の本質を見い出した金森俊朗の教育論。金森マジックによって、子どもたちが心を寄せ合い、「ハッピーになる」ようすがよくわかる。教諭になろうか迷っている人におすすめの一冊。

『新装版 人を動かす』

D・カーネギー著　山口 博訳
創元社

教育とは人を変えることである。しかし、変えようと思っても簡単には人は変わってはくれない。それでは自分を変えればいい。カーネギーは、自分が変わることで人が変わることを、故事や身近な出来事を通じて教えてくれる。子どもに対してだけではなく、同僚や保護者ともよい関係をつくるために参考になる本だ。

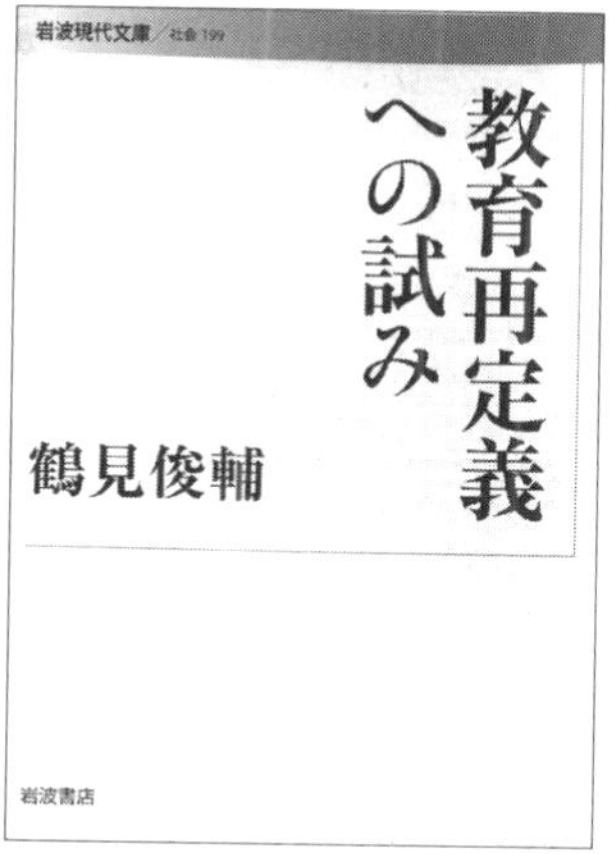

『教育再定義への試み』

鶴見俊輔著
岩波現代文庫

哲学者鶴見が77年の人生をふり返り、みずからの体験・経験をふまえて「教育とは何か」を問いかける刺激的な教育論。人間が人間であること（私が私らしくあること）にかかわる教育という普遍的営みは、実は母に始まり社会や学校・教師から刷り込まれた「痛み」からの脱出にあるのではと提起する。教育の奥深さを考えさせられる。

職業MAP! 興味があるのはどの仕事?

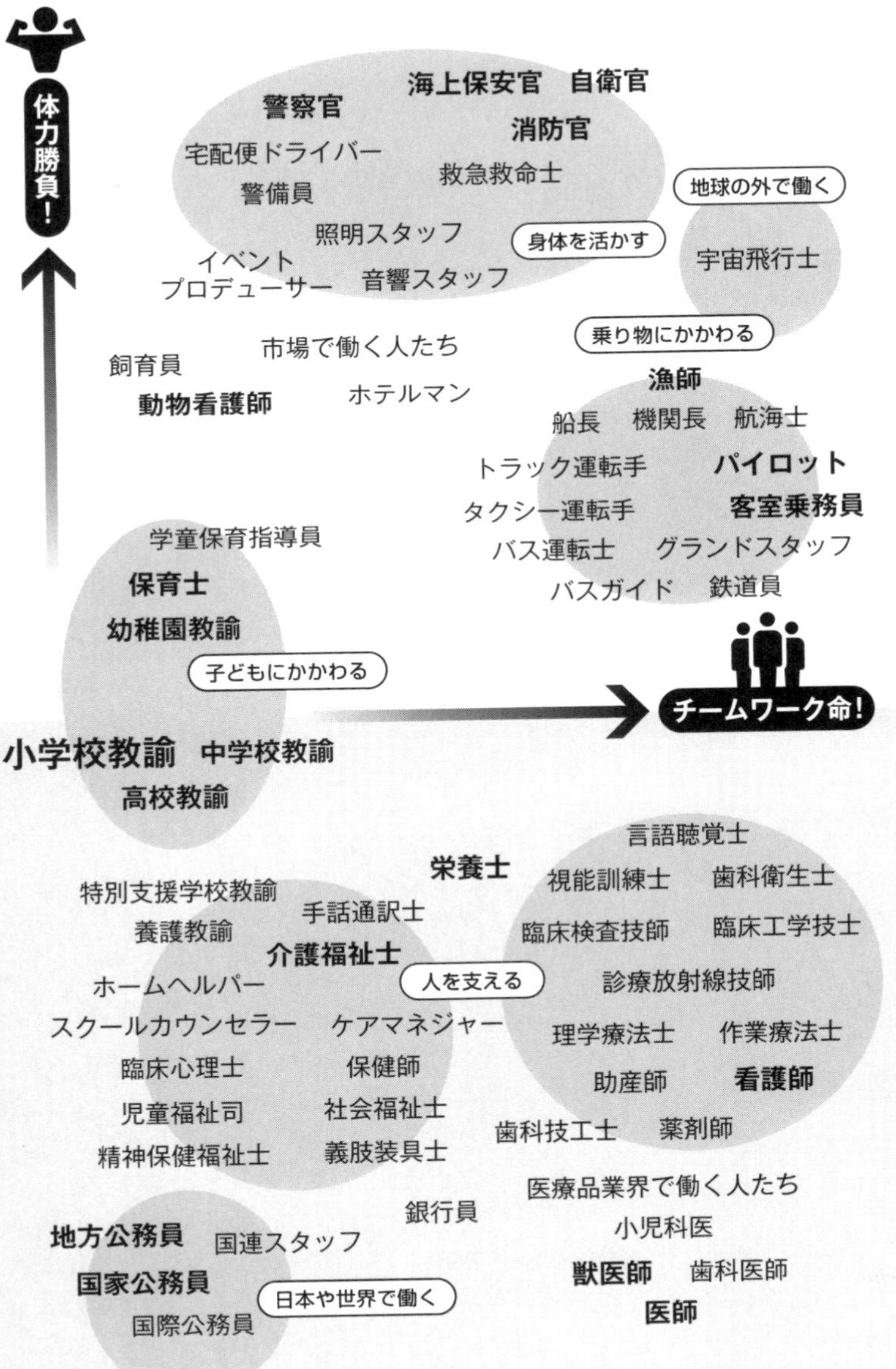
体力勝負!
海上保安官
自衛官
警察官
消防官
宅配便ドライバー
救急救命士
警備員
照明スタッフ
身体を活かす
イベントプロデューサー
音響スタッフ
地球の外で働く
宇宙飛行士
乗り物にかかわる
市場で働く人たち
飼育員
ホテルマン
動物看護師
漁師
船長
機関長
航海士
トラック運転手
パイロット
タクシー運転手
客室乗務員
バス運転士
グランドスタッフ
バスガイド
鉄道員
学童保育指導員
保育士
幼稚園教諭
子どもにかかわる
チームワーク命!
小学校教諭
中学校教諭
高校教諭
言語聴覚士
栄養士
視能訓練士
歯科衛生士
特別支援学校教諭
手話通訳士
養護教諭
臨床検査技師
臨床工学技士
介護福祉士
人を支える
ホームヘルパー
診療放射線技師
スクールカウンセラー
ケアマネジャー
理学療法士
作業療法士
臨床心理士
保健師
助産師
看護師
児童福祉司
社会福祉士
歯科技工士
薬剤師
精神保健福祉士
義肢装具士
医療品業界で働く人たち
銀行員
小児科医
地方公務員
国連スタッフ
獣医師
歯科医師
国家公務員
日本や世界で働く
医師
国際公務員

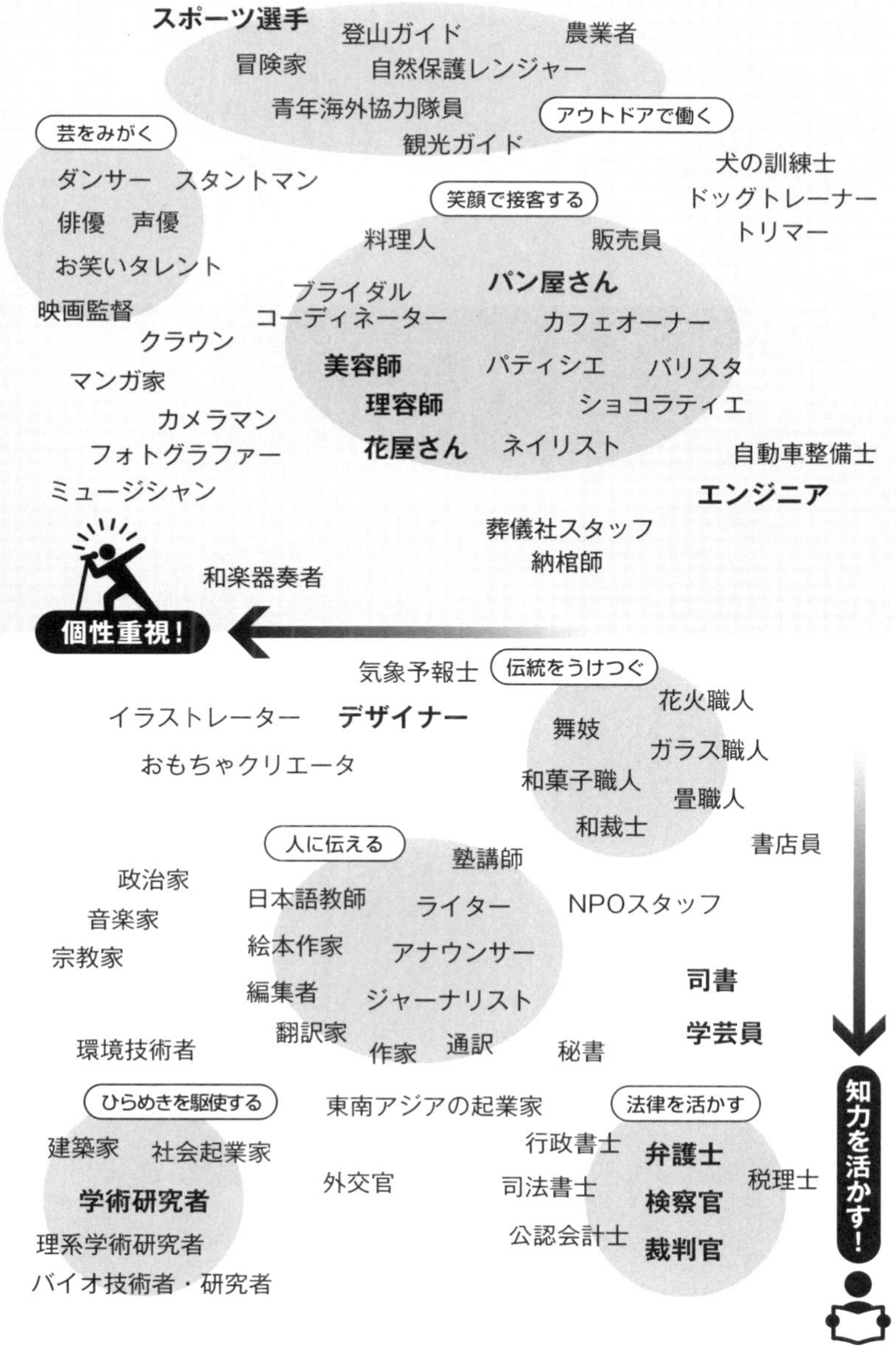
スポーツ選手
登山ガイド
農業者
冒険家
自然保護レンジャー
青年海外協力隊員
アウトドアで働く
観光ガイド
芸をみがく
ダンサー
スタントマン
俳優
声優
お笑いタレント
映画監督
クラウン
マンガ家
カメラマン
フォトグラファー
ミュージシャン
和楽器奏者
犬の訓練士
ドッグトレーナー
トリマー
笑顔で接客する
料理人
販売員
パン屋さん
ブライダル
コーディネーター
カフェオーナー
美容師
パティシエ
バリスタ
理容師
ショコラティエ
花屋さん
ネイリスト
自動車整備士
エンジニア
葬儀社スタッフ
納棺師
個性重視！
気象予報士
伝統をうけつぐ
花火職人
イラストレーター
デザイナー
舞妓
ガラス職人
おもちゃクリエータ
和菓子職人
畳職人
和裁士
書店員
人に伝える
塾講師
政治家
日本語教師
ライター
NPOスタッフ
音楽家
宗教家
絵本作家
アナウンサー
司書
編集者
ジャーナリスト
翻訳家
学芸員
環境技術者
作家
通訳
秘書
知力を活かす！
ひらめきを駆使する
東南アジアの起業家
法律を活かす
建築家
社会起業家
行政書士
弁護士
税理士
外交官
司法書士
学術研究者
検察官
公認会計士
理系学術研究者
裁判官
バイオ技術者・研究者

おわりに

「わたしたちは弱い者として生まれる。わたしたちには力が必要だ。わたしたちはなにももたずに生まれる。わたしたちには助けが必要だ。わたしたちは分別をもたずに生まれる。わたしたちは判断力が必要だ。生まれたときにわたしたちがもってなかったもので、大人になって必要なものは、すべて教育によってあたえられる。」（ルソー『エミール』）

日本の小学校が発足して約１５０年がたちました。第二次世界大戦後の戦後教育の出発からも70年以上がすぎました。明治のころも、戦後の出発の時も、学校に行くことはそれ自体が喜びでした。行きたくても行けない子どもがたくさんいました。そこで読・書・算について学び、人として大事な価値を身につけました。学校と教諭は地域の文化センターであり、情報の発信地であったのです。しかし、今、情報はさまざまなメディアにあふれ、子どもでも簡単にアクセスできます。さまざまな物もあふれ、お金を持てばすぐに手に入れることができます。もはや学校と教諭は情報の発信地とはなりえなくなっています。

しかし、約２６０年も前にルソーが語ったように子どもは弱いもの、そして助けが必要な存在であることに変わりはありません。今、私たちは弱き者、助けを必要とする子どもが圧倒的《あっとうてき》な物と情報の渦《うず》にまき込《こ》まれ、もがいていることを直視しなければなりません。

そして、子どもが自分の力で判断できるように援助《えんじょ》しなければなりません。援助者《えんじょしゃ》としての教諭や学校の役割は、今の、そしてこれからの社会にあってますます大きくなっていくでしょう。この本に登場していただいた先生たちは決して特別にすぐれた方ではありません。弱き者としての子どもに寄り添《そ》い、子ども自身が判断する力を獲得《かくとく》できるように考え、実践《じっせん》し続けている教諭たちです。そのプロセスに喜び、悩《なや》み、自己を問い直し続けている教諭たちです。

社会や学校の現実は教諭の仕事に夢《ゆめ》やロマンを重ねがたくしています。しかし、だからこそ子どもが自分自身に誇《ほこ》りをもてるように、子どもに寄り添《そ》い援助《えんじょ》する仕事としての教諭の存在は重要さをましています。そうした教諭の仕事の魅力《みりょく》の一端《いったん》にふれていただければと思い、この本をつくりました。

森川輝紀

[編著者紹介]

森川輝紀（もりかわ てるみち）

東京教育大学教育学研究科博士課程修了。埼玉大学名誉教授。福山市立大学名誉教授。主要著書に『近代天皇制と教育』（梓出版社）、『増補版　教育勅語への道』『大正自由教育と経済恐慌』『国民道徳論の道』（いずれも三元社）、『中学校・高校教師になるには』（ぺりかん社）などがある。

山田恵吾（やまだ けいご）

埼玉大学教育学部准教授。筑波大学教育学研究科博士課程単位取得退学。博士（教育学）。著書に『近代日本教員統制の展開』（学術出版会）、編著書に『日本の教育文化史を学ぶ』『教育課程を学ぶ』（いずれもミネルヴァ書房）などがある。

小学校《しょうがっこう》教諭《きょうゆ》になるには

2021年3月10日　初版第1刷発行
2022年7月10日　初版第2刷発行

編著者　森川輝紀　山田恵吾
発行者　廣嶋武人
発行所　株式会社ぺりかん社
〒113-0033　東京都文京区本郷1-28-36
TEL　03-3814-8515（営業）
03-3814-8732（編集）
http://www.perikansha.co.jp/
印刷・製本所　モリモト印刷株式会社

ISBN 978-4-8315-1582-7　Printed in Japan